Cornelia Tomerius

Ein Jahr in Istanbul

Cornelia Tomerius

Ein Jahr in Istanbul

Reise in den Alltag

HERDER

FREIBURG · BASEL · WIEN

Für Stephan

Originalausgabe

© Verlag Herder GmbH, Freiburg im Breisgau 2008
Alle Rechte vorbehalten
www.herder.de

Satz: Dtp-Satzservice Peter Huber, Freiburg
Herstellung: CPI Moravia Books, Pohorelice

Gedruckt auf umweltfreundlichem,
chlorfrei gebleichtem Papier
Printed in Czech Republic

ISBN 978-3-451-05940-7

Inhalt

März
– Die schönste Bardame der Welt –   7

April
– Über Nacht gelandet –   21

Mai
– Einmal Konstantinopel und zurück –   45

Juni
– Komm, wir spielen Harem! –   67

Juli
– Die Kunst der Improvisation –   91

August
– Verwirrung am Weltwunder –   105

September
– Es brennt! –   115

Oktober
– Eigenartige Vorlieben –   135

November
– 2:2 Unentschieden –   149

Dezember
– Der Silvesterbaum –   159

Januar
– Unbestimmtes Präteritum –   173

Februar
– Die Henna-Nacht –   181

März

– Die schönste Bardame der Welt –

*„Eigentlich wollte ich hier nur vorbeischauen.
Aber wer einmal hier ist und die Schönheit der
Stadt sieht, verlässt sie nie wieder, verstehst du?"*

(HASSAN VOM PEYOTE-CLUB IN „UNDER THE BRIDGE –
THE B-SIDE OF ISTANBUL" VON FATIH AKIN)

„TSCHAI?", FRAGT FRAU Ö. knapp und gießt, ohne die Antwort abzuwarten, den heißen Tee in die Tasse. Ich nehme in dem Sessel Platz, den sie mir mit einer unwirschen Geste zuweist, und betrachte sie neugierig. Frau Ö. trägt das einst blonde Haar zu einem opulenten Dutt drapiert und gehört zweifellos zu den Frauen, die auch jenseits ihrer Jugend als schön bezeichnet werden. Als das Alter die unvermeidlichen Linien in ihr Gesicht gezogen hat, ist es dabei vorgegangen wie der Erbauer eines komplizierten Saiteninstruments, der nur sehr feines Material verwendet und jede Saite sorgfältig platziert. Bei einem Lachen würde eine nach der anderen zärtlich gestrichen, wie beim leisen Akkord auf der Laute, nur dass die Harmonie, die dabei entsteht, sichtbar ist und nicht zu hören. Im Moment jedoch ist von Heiterkeit keine Spur. Der Mund von Frau Ö. ist zu einem dünnen Strich geschrumpft, und auf der Stirn üben sich die Fältchen in einer düsteren Moll-Arie. Sie nimmt einen Schluck Tee und kommt ohne Umschweife zur Sache.

„Mir gefällt ganz und gar nicht, was meine Kinder da ausgeheckt haben."

Ich folge ihrem Blick, der in einem Winkel von knapp dreißig Grad an mir vorbei auf die Wand gerichtet ist. In Silber gerahmt hängen sie da, die drei Übeltäter. Ich kenne nur Tochter Suzan, die das Blond von der Mutter und die markante Nase vom Vater geerbt hat und nun mit meiner Hilfe ein wenig mehr als deren Gene an die Nachwelt weitergeben möchte.

„Sie glauben, ich sei einsam seit dem Tod ihres Vaters", fährt Frau Ö. fort, den Blick noch immer auf die gerahmte Nachkommenschaft geheftet. Dann schaut sie mich verbittert an: „Doch statt mich einfach häufiger zu besuchen, jagen sie mir eine Ghostwriterin auf den Hals."

So verächtlich spricht sie das Fremdwort aus, dass ich für einen Moment wünschte, Ghostwriting hätte auch damit zu tun, unsichtbar wie ein Geist durch Wände verschwinden zu können.

„Wenn ich Ihre Kinder richtig verstanden habe, geht es ihnen nicht um eine Ganztagsbetreuung für ihre Mutter, sondern darum, Ihre Lebensgeschichte aufschreiben zu lassen, damit Ihre Enkel und Urenkel sie eines Tages nachlesen können."

„Meine Lebensgeschichte!", ruft Frau Ö. aus. „Als ob die so interessant wäre."

Natürlich kokettiert sie. Zu gut weiß sie, wie spannend ihre Biographie auf andere wirkt, zumindest auf arglose Dreißigjährige, die Berlin bis dato für den Nabel der Welt hielten. In den Fünfzigern hatte sich Marianne K. aus Oberbayern unsterblich in einen durchreisenden Türken verliebt. Seinetwegen ließ sie Familie, Freundinnen und das aufziehende Wirtschaftswunder hinter sich und folgte ihm in den Orient, von dem sie damals nicht viel mehr wusste, als Scheherazade ihrem Sultan einst geflüstert hatte. Aus Fräulein K. wurde Frau Ö. und aus der Ingolstädterin eine Istanbulerin. Sie gebar drei Kinder, lernte die Stadt und den Bosporus lieben, und zwar so sehr, dass sie auch nach dem Tod ihres Mannes vor wenigen Jahren nicht nach Deutschland zurückkehren wollte. Angesichts der umfangreichen Antiquitätensammlung in ihrer Wohnung scheint eine gewisse Sesshaftigkeit allerdings auch verständlich.

„Haben Sie schon eine Fahrt auf dem Bosporus gemacht?", fragt Frau Ö. unvermittelt. Ich nicke, erleichtert über die angenehme Wendung, die das Gespräch nun zu nehmen scheint. Doch bevor ich von meinem kleinen Bootsausflug erzählen kann, stellt sie schon die nächste Frage: „Und auf dem Basar?"

„Nein, noch nicht."

„Blaue Moschee?"

„Ja, da war ich." Allerdings nicht lange, weil sich mir unter der märchenhaften Kuppel der schönen Moschee, die man wie alle Gebetshäuser Allahs auch als Nicht-Moslem nur ohne Schuhwerk betreten darf, das Bild von der „Käseglocke" unangenehm aufdrängte. Auf wundersame Weise mischten sich hier die Ausdünstungen aus den unzähligen Tennissocken transpirierender Touristen zu einem ballongroßen Bouquet, das mich leider viel zu schnell wieder an die Frischluft trieb.

„Topkapi-Palast?", fragt Frau Ö. weiter, wobei sie das „i" wie ein kurzes „e" ausspricht.[1] Aber ich muss wieder passen. Bis auf den Film von 1964 – Topkapi mit Melina Mercouri, Peter Ustinov und Maximilian Schell – habe ich noch nichts gesehen vom Sultanspalast.

„Das machen sie nämlich sonst alle", fährt Frau Ö. fort. „Sie schippern auf dem Bosporus herum, laufen über den Basar und durch ein paar Moscheen und Paläste. Am Abend gehen sie mit Vorliebe dort essen, wo zwischen den Gängen eine Bauchtänzerin die Hüften schwingt, und dann fahren sie nach Hause und glauben, Istanbul gesehen zu haben." Verächtlich winkt Frau Ö. ab. „Wussten Sie, dass der Tourismusminister der Türkei vor ein paar Jahren gefordert hat, dass der Bauchtanz nicht mehr als typisch türkische Attraktion vorgeführt wird? Arabisch sei der, so seine Begründung, nicht türkisch. Im Ausland solle man schließlich kein falsches Bild von uns bekommen."

Ich frage mich, ob das Image der Türkei, das unter anderem von fettigem Döner, finsteren Schnurrbartträgern und den gruseligen Zuständen in türkischen Gefängnissen geprägt ist, nicht doch ein paar hübsche Hüften kreisende Bauchtänzerinnen gut vertragen könnte. Doch ich übergehe ihren Exkurs und erwidere, dass ich mir nicht vorstellen kann, dass ein Tourist, der ein paar Tage in der Stadt verbracht hat, tatsächlich denkt, Istanbul zu kennen. Diese Riesenstadt überfordere jeden, der sie besucht. Niemand könne hier abreisen ohne das unbefriedigende Gefühl, längst nicht alles gesehen und stattdessen viel zu viel verpasst zu haben.

Zum ersten Mal seit meiner Ankunft glaube ich, einen freundlichen Zug um ihre Mundwinkel ausmachen zu können. Ihre Augen funkeln belustigt. Ich war ihr auf den Leim gegangen.

„Sehen Sie, genauso blauäugig ist das, was Sie mit mir vorhaben."

Ich schaue sie fragend an.

„Sie kommen her, stellen mir vier Wochen lang irgend-

welche Fragen. Dann fahren Sie nach Hause in Ihre ge-
wohnte Umgebung und wollen ein Buch schreiben über
mein Leben in dieser Stadt, in dieser Kultur, die Sie doch
gar nicht kennengelernt haben können. Wie soll das funk-
tionieren?"

Sie hat mich eiskalt erwischt. Wie ein kleines Schul-
mädchen fühle ich mich, das im Aufsatz das Thema verfehlt hat und von der strengen Lehrerin vor der gesamten
Klasse dafür gerügt wird. Ich fixiere das Muster der Tischdecke und muss Frau Ö. recht geben. Bisher schrieb ich
nur die Erinnerungen von Menschen auf, die ihr Leben
in Deutschland verbrachten. Ihre Geschichten waren mir
nicht fremd, viele Schauplätze und Situationen sogar bestens bekannt. Dieser Auftrag hier war anders. Wie könnte
ich das Leben von Frau Ö. authentisch beschreiben, ohne
ständig im Klischee hängen zu bleiben?

„Sie wissen gar nichts nach vier Wochen", sagt sie wie
zu sich selbst, während sie aus dem Fenster schaut. „Sie
wissen nicht, wie es ist, wenn man als Fremde in dieser
Stadt eine Heimat sucht, wie es sich anfühlt, eine von vielen und eine von wenigen zu sein. Sie wissen nicht, wie
sich der Bosporus verändert, wenn die Sonne scheint oder
wenn der Himmel voller Wolken hängt. Sie wissen nicht,
was in der Stadt los ist, wenn Ramadan ist, oder ein Fußballspiel der hiesigen Clubs. Sie wissen nicht, wie unglaublich bürokratisch es hier zugehen kann, und dann wieder
wie südländisch unkompliziert." Dann schaut sie mich ein-
dringlich an: „Sie wissen nicht, was es heißt, eine Istanbulerin zu sein."

Es ist bedrückend still im Raum. Draußen hupen
Autos, ein Straßenverkäufer preist im monotonen Sprech-
gesang seine Waren an. „Vielleicht", fährt Frau Ö. fort,

nachdem sie einen Schluck Tee genommen und das Glas geräuschlos auf die Untertasse gesetzt hat, „vielleicht bekommen Sie eine Ahnung davon, wenn Sie eine Zeitlang in Istanbul leben." Auf der Straße strebt das Hupkonzert seinem vorläufigen Höhepunkt entgegen. „Ein Jahr brauchen Sie", sagt Frau Ö. und fügt nachdrücklich an: „Mindestens."

Ich lache auf, als hätte sie einen schlechten Witz gemacht. Ein Jahr in einer Stadt, in der so viele Menschen auf einem Haufen leben wie in dem gesamten Staat, in dem ich geboren wurde? Deren Verkehrschaos so sehr an den Kräften zehrt, dass man nach einer Woche am liebsten eine Dauerkarte für den Hamam kaufen möchte? Der ein Kontinent nicht genügt, so dass sie sich gleich über zwei erstrecken muss und die Menschen somit unweigerlich an den Rand der Schizophrenie treibt? Aber vor allem: Ein Jahr in einer Stadt, die 1700 Kilometer weit weg ist von Berlin und damit von Tom? Undenkbar.

„Überlegen Sie es sich", sagt Frau Ö. schließlich und steht auf, um mich zur Tür zu begleiten. „Wenn Sie nicht bereit sind, sich so weit auf die Geschichte einzulassen, können Sie den Auftrag vergessen."

Wenn dies eine Drohung sein soll, so verfehlt sie ihre Wirkung. Ich habe nämlich jetzt schon keine Lust mehr auf diesen Job.

Wenige Augenblicke später befinde ich mich auf einem schmalen Gehsteig und inmitten der Geräuschkulisse eines Formel-1-Rennens. So schnell wie die Autos neben mir rasen die Gedanken durch den Kopf. Warum eigentlich nicht? Ein Jahr als Gastarbeiterin in der Türkei? Einige meiner Jobs könnte ich dank Internet und Telefon auch in

Istanbul erledigen. Wenn ich den Platz in meiner Bürogemeinschaft kündige, habe ich die Miete für ein Zimmer
hier schon fast drin. Mit meinen Freundinnen daheim ist
ohnehin nicht mehr viel los, seitdem eine nach der anderen in die Elterngeld-Falle tapst. Und führen Tom und ich
nicht sowieso schon seit Jahren eine Fernbeziehung, die
es doch eigentlich verkraften müsste, wenn die Ferne ein
wenig ferner wird?

Ich balanciere auf dem schmalen Bürgersteig entlang,
und Istanbul wird zum Abenteuer, zur Herausforderung,
der man eigentlich nicht widerstehen kann. Hieß die Stadt
nicht auch einmal Dersaadet, was übersetzt so viel heißt
wie „Pforte der Glückseligkeit"? Und macht Istanbul nicht
jedem Platz, der hier sein Glück suchen will? Duldet es
nicht großzügig, wenn die Einwanderer aus den Provinzen
am Stadtrand über Nacht ihre Häuser aufbauen, wohl wis-
send, dass nach einem alten islamischen Gesetz nieman-
dem das Dach über dem Kopf genommen werden darf,
auch wenn es auf noch so wackeligen Pfosten ruht? Wie
ein angesagter Nachtclub, der auf muskelbepackte Türste-
her verzichtet, gewährt die Stadt jedem Einlass, der danach
begehrt. Jeder darf sich an ihrer Musik, ihren Gerüchen
und Geschichten berauschen. Nur kümmert es auch niemanden, wenn es zu eng wird auf der Tanzfläche, wenn an
der Bar die Getränke knapp werden, die Stimmung kippt
und die Menschen dicht an dicht gedrängt im heißen
Dunst verzweifelt nach Luft schnappen. Das Chaos kennt
kein Regulativ.

In Gedanken versunken überquere ich die Straße, um
im nächsten Moment durch das laute Quietschen von
Bremsen jäh aus ihnen herausgerissen zu werden. Ich sehe noch, wie das Auto auf mich zurollt, ganz knapp vor mir

zum Stehen kommt, höre den Fahrer etwas brüllen, was ich zum Glück nicht verstehe und auch gar nicht verstehen will, renne mit Herzklopfen von der Fahrbahn – und direkt in eine gut gepolsterte türkische Mama, die mindestens sechs prall gefüllte Plastiktüten in den Händen hält und mich erschrocken anschaut. Mir ist klar: Keine drei Tage würde ich in dieser Stadt überleben.

Das eigenartige Fahrverhalten der Istanbuler, so viel hat sich mir nach meinen ersten Tagen in der Stadt schon erschlossen, ist nicht nur eine Frage des Temperaments, sondern auch der Stadtstruktur. Nur zwei Brücken verbinden den europäischen mit dem asiatischen Teil. Und da die meisten Istanbuler auf der einen Seite arbeiten, auf der anderen leben, und keine U- oder S-Bahn die Ufer verbindet, allenfalls Fähren und Fischerboote, geht es auf den Brücken, wenn überhaupt, nur sehr langsam voran. Man steht im Stau. Nun nutzen die Istanbuler die Zeit weniger, um den herrlichen Ausblick auf das gewaltige Meer zu genießen, sich die Fingernägel zu lackieren oder Entspannungsübungen zu machen. Was hier passiert, erinnert eher an den Verschlag, in dem die Stiere von Pamplona alljährlich im Juli zusammengepfercht darauf warten, gleich befreit durch die Straßen zu jagen. Wie die Tiere in der Enge erregt mit den Hufen scharren und durch die Nüstern schnaufen, so stöhnen die Motoren ungeduldig auf, während sich die Karossen zentimeterweise nach vorn kämpfen, zum Ende der Brücke, zum Anfang der Freiheit. Ist der Stau vorbei, ist die Stampede nicht mehr aufzuhalten. Weh dem, der nicht schnell genug in Sicherheit ist. Das Ampelrot hat dabei in etwa die gleiche Wirkung wie das rote Tuch beim Stierkampfbullen: Es sorgt für Extra-Tempo. „Istanbullu" heißt der Istanbuler übrigens auf Türkisch.

Das Handy klingelt und Gizem ist dran. Sie ist eine Freundin von Suzan, der Tochter von Frau Ö. Für die Zeit meiner Recherchen darf ich bei ihr wohnen. Vier Wochen waren ausgemacht, eine ist schon vergangen. „How are you?", fragt sie. Wir sprechen Englisch miteinander, weil es um mein Türkisch in etwa so schlecht bestellt ist wie um ihr Deutsch. „I'm still alive", sage ich und finde das keineswegs selbstverständlich. Sie fragt, wo ich gerade bin, aber ich habe keine Ahnung. Jetzt erst merke ich, dass ich mich verlaufen habe. Der Bosporus, an dem sich Verirrte in Istanbul zumindest grob orientieren können, ist nicht zu sehen. Nur die Minarette stechen aus dem Häusermeer in den Himmel wie abgemagerte Leuchttürme. Leider sind sie in etwa so hilfreich wie die allgegenwärtigen Litfaßsäulen in Berlin. Die Straße runter entdecke ich den Namen eines Hotels, das Gizem glücklicherweise kennt. Wir vereinbaren, dass ich in der Lobby auf sie warte.

Gizem ist eine der modernen Türkinnen, auf die Staatsgründer Atatürk, der sein Volk lehrte, sich nicht nur gen Mekka, sondern auch gen Westen zu orientieren, sicher sehr stolz gewesen wäre. Als Kind paukte sie Tag und Nacht, um die Aufnahmeprüfung an einer der wenigen Eliteschulen zu bestehen, an denen, je nach Ausrichtung, nur Englisch, Deutsch, Französisch oder Spanisch gesprochen wurde. Sie schaffte es auf die Schule, auf die alle wollten, und spricht heute so fließend Englisch, dass sie in dem britischen Unternehmen, dessen PR-Abteilung sie leitet, gern für eine Engländerin gehalten wird. Dabei zieht sie sich viel besser an: Gizem trägt Kleider aus Paris, Schuhe aus Italien und ein Kopftuch nur, damit im Cabrio die Frisur nicht zerzaust. Vielleicht ist ihr Lippenstift eine Nuance zu grell, die Garderobe eine winzige Spur zu aufreizend, ihr Lachen ein bisschen zu laut. Doch das alles wirkt nie aufdringlich und erfüllt seinen Zweck: Betritt Gizem einen Raum, dauert es keine zwanzig Sekunden, und die anderen können den Blick kaum noch von ihr wenden, wie gebannt hängen sie an ihren Lippen. Sehr wahrscheinlich täten sie das auch, wenn sie ungeschminkt und in Jeans und T-Shirt erschiene, nur würde es dann vielleicht ein paar Sekunden länger dauern, bis sie die ungeteilte Aufmerksamkeit genießt. Und Zeit ist knapp in einer Stadt wie Istanbul.

Kaum dass ich auf dem Beifahrersitz Platz genommen habe, gibt Gizem Gas. „Wo ist Salman?", frage ich sie und erfahre, dass er bei Gizems Mutter ist und dort übernachtet. Gizem ist geschieden, Salman ihr vierjähriger Sohn. In Deutschland würde man sie als Alleinerziehende bezeichnen. Im Türkischen gibt es diesen Begriff nicht. Großeltern, Urgroßeltern, Tanten und Onkel sind für das Kind mindestens ebenso wichtige Bezugspersonen wie Mama und Papa. Hier ist kein Erziehender allein. In der letzten Woche verging kaum ein Nachmittag, an dem Salman nicht bei Oma Afifie, Onkel Yusuf oder Tante Nilgün war.

Im Stadtteil Beyoğlu, wo der Istanbuler schick ausgeht, parkt Gizem den Wagen in einer kleinen Seitengasse, die durch ihre steile Hanglage eindrucksvoll daran erinnert, dass Istanbul einst auf sieben Hügeln erbaut wurde. Doch Gizem will noch höher. Sie passiert einen unscheinbaren Hauseingang, holt per Knopfdruck einen klapprigen alten Aufzug und lässt ihn uns bis zur obersten Etage ziehen. Dort angekommen stockt mir der Atem. Man könnte es schnöde eine Panorama-Bar nennen, in der wir uns nun befinden – wenn nicht jede popelige Cocktailbar dieses

Planeten, die mehr als zehn Meter über dem Asphalt liegt und ein Fenster hat, diese Bezeichnung für sich beanspruchen würde. Dies hier ist zweifelsohne die Mutter aller Panorama-Bars. Wie an einer Theke sitzen die Gäste direkt am geöffneten Fenster oder an der Brüstung der Terrasse, vis-à-vis der größten und schönsten Bardame der Welt namens Istanbul, die zwar keine alkoholischen Getränke, dafür aber berauschende Ausblicke serviert. Die Sonne ist gerade untergegangen, und der Himmel flimmert in allen Blautönen. Bis zum Horizont glitzert die Stadt, die der Bosporus gewaltig auseinanderschiebt. Nur die beiden mächtigen Brücken verbinden die Kontinente, wie zwei Arme, die den anderen im nächsten Moment am liebsten beherzt an sich drücken würden. Und die Istanbullu, die auf ihnen mal wieder oder immer noch im Stau stecken, hätten gegen eine solche Annäherung sicher nichts einzuwenden. Faszinierend: Der ganze Wahnsinn, der ganze Zauber Istanbuls auf einem Blick.

Während ich dieser üppigen Stadt unverhohlen ins Dekolletee schaue, erzähle ich Gizem von der Begegnung mit Frau Ö. und der Bedingung, die sie gestellt hat.

„Kannst du dir denn vorstellen hierzubleiben?", fragt Gizem, als ich mit meinem Bericht fertig bin. Ich muss nicht lange überlegen. In diesem Moment kann ich mir keine aufregendere Stadt denken. Außerdem, verrate ich, reizt mich diese sture alte Dame, die ihr Land in einer Zeit verließ, als dies noch alles andere als üblich war, die Fremde wirklich fremd und der Muselmann bestenfalls eine Märchenfigur war. „Sie hat alles aufgegeben, Gizem, nur für einen Mann." Jetzt sind wir bei dem Thema, auf das zwei Frauen abends in einer Bar unweigerlich zu sprechen kommen müssen: Männer. Heute kann ich zumindest ein berufliches Interesse vorschützen. „Gizem", frage ich sie, „was ist eigentlich dran am türkischen Mann?"

Bisher hatte ich vor allem eine Qualität feststellen können: Mit ihrer Hilfe kann man begriffsstutzigen Philosophie-Studentinnen sehr einleuchtend darstellen, was Sartre mit seiner Theorie vom „Blick der anderen" gemeint hat. Man lasse sie einfach durch eine Ansammlung türkischer Männer laufen und am eigenen Leib erfahren, wie es ist, allein durch Blicke vom Subjekt zum Objekt degradiert zu werden – wobei die Blondinen eine besonders rasche Erleuchtung erleben dürften. So ungeniert schauen die Männer den Frauen hier hinterher, dass ich in einem schwachen Moment einem Souvenirhändler fast sein ganzes Sortiment an Nazaren abgekauft hätte – in der Hoffnung, die blau-weißen Glasaugen, die man sich hierzulande gern um den Hals oder an die Haustür hängt, schützen nicht nur vor dem bösen, sondern auch vor dem lästigen Blick. Doch selbst der Glasaugen-Verkäufer guckte so komisch.

Gizem zieht an ihrer Zigarette, schaut mich eine Weile nachdenklich an, dann beantwortet sie meine Frage geschickt mit einer anderen: „Was ist denn dran am deutschen Mann?" Tom möge mir verzeihen, dass ich ins Grübeln komme. Aber schließlich ist er nicht der Prototyp, sondern die lange gesuchte Ausnahme.

„Siehst du, so einfach ist das nicht", sagt Gizem. „Und deine alte Dame dürfte auf diese Frage auch nicht so schnell eine Antwort finden. Vermutlich wird sie dich eher zu Feldstudien auf die Straße schicken." Sie drückt ihre Zigarette aus und zuckt feixend die Achseln. „Keine schlechte Idee eigentlich." Ich schaue sie fragend an. Gizem lacht, fixiert mich belustigt, dann streckt sie mir fast feierlich die Hand entgegen: „Wetten, dass du in einem Jahr hier auf den Geschmack kommst? Dass mindestens ein türkischer Mann dich so verwirren wird, dass du wünschtest, deine Verlobung hätte nie stattgefunden?"

Die türkische Vorliebe für Wettspiele hatte ich schon in Kreuzberg beobachtet, wo es inzwischen mindestens so viele Wettstuben gibt wie Dönerbuden. Doch hatte ich den Türken etwas mehr Geschick unterstellt. Diese Wette würde ich selbstverständlich gewinnen. Siegessicher schlage ich ein. Dann erst fällt mir auf, was ich getan habe. Mit diesem Handschlag habe ich gleichzeitig eine Entscheidung getroffen, die den ganzen Tag über in mir gereift war. Ich würde also hierbleiben, ein Jahr in Istanbul. Mir wird etwas mulmig. Um auf andere Gedanken zu kommen, frage ich Gizem: "Was machst du eigentlich, wenn ich die Wette gewinne?"

"Vielleicht", sagt sie und schlägt aufreizend ein Bein über das andere, "gehe ich dann mal mit einem deutschen Mann aus."

Ich schaue auf die Uhr: "Dann solltest du dir schon mal notieren, dass du am 23. März nächsten Jahres um halb zehn ein Date hast."

Sie zwinkert mir zu: "Du meinst, für deine Verlobung mit dem türkischen Traummann?"

Anmerkungen zum März

[1] Warum sie das tut, sollte ich bald erfahren. Zwar hat Staatsgründer Atatürk schon Anfang der 1920er Jahre dafür gesorgt, dass die Türken statt der arabischen Schriftzeichen ein Alphabet bekamen, das man auch im Westen gut lesen kann; er hat nach dem Besuch eines Kongresses für Turkologen im aserbaidschanischen Baku das „neue türkische Alphabet" sogar maßgeblich mitgestaltet. Einige Besonderheiten muss der Westler jedoch lernen. So gibt es ein paar Buchstaben, die das türkische, nicht aber das lateinische Alphabet kennt: wie das ş (sprich: „sch"), das ç (sprich: „tsch") das ğ (sprich: am besten gar nicht) und eben das ı – quasi ein i ohne Punkt –, das wie ein leicht gestöhntes „e" artikuliert wird. Daneben werden einige der lateinischen Buchstaben anders ausgesprochen als im Deutschen: So wird etwa das z wie ein stimmhaftes s gesprochen, das s wiederum stimmlos und das c wie ein „dsch".

Um es an ein paar praktischen Beispielen anschaulich zu machen: Der Tee, den mir Frau Ö. am Anfang anbot, wird *Çay* geschrieben, Tschai gesprochen. *Gizem*, die gleich ihren ersten Auftritt hat, spricht man Gisem aus – mit einem weichen s wie in „singen". Zum Stadtteil *Beyoğlu*, in dem wir uns gleich befinden, sagt der Türke: Bejolu. Und zum *Rakı*, der im Verlauf der Handlung ebenfalls keine unwesentliche Rolle spielen wird – analog zu *Topkapı* –, natürlich: Rake.

April
– Über Nacht gelandet –

„Eine Sprache, ein Mensch.
Zwei Sprachen, zwei Menschen."
(TÜRKISCHES SPRICHWORT)

ICH KANN NICHTS DAFÜR, meine erste Vokabel heißt
„Führer". Wie ein Offizier vor seiner Truppe steht der Lehrer vor uns, breitbeinig und mit geradem Rücken, wuchti-
ge Schnürstiefel an den Füßen, eine tannengrüne Cargo-
hose und ein geschecktes Military-Hemd über dem mus-
kulösen Körper. „Önder" hat er an die Tafel geschrieben,
dann den Blick über seine neuen Schüler schweifen lassen
– außer mir sind nur noch drei Chinesen im Raum –, um
dann für mich zu übersetzen: „Füüü-rer".

Dies ist nicht, wie sein Auftritt nahelegt, die türkische
Auffassung vom Lehrerberuf. Es ist sein Vorname. Und
den übersetzt Önder nicht nur deshalb, weil wir uns hier
in einem Sprachkurs befinden, wo jedes gesprochene Wort
bilingual oder zumindest per Pantomime artikuliert werden muss. Er übersetzt ihn, weil Türken, die sich Fremden
gegenüber vorstellen, in der Regel nur zu gern zum Besten
geben, was ihr Name bedeutet. Genauso gern übrigens, wie
sie dann auch gleich den Fußballclub erwähnen, den sie
im Stadion, am Fernseher, vor dem Radio oder neuerdings
auch über Handy-TV anfeuern. In meinem ersten Türkei-
Urlaub vor fünf Jahren brauchte ich daher eine Weile, bis

ich verstand, dass Beşiktaş, Fenerbahçe und Galatasaray keine gängigen türkischen Nachnamen sind, sondern die drei größten Fußballclubs Istanbuls.

„Leader", übersetzt Önder für meine Mitschüler, und die drei Chinesen lächeln anerkennend. Natürlich. Sind sie doch sowohl mit Führern wie mit bedeutungsschwangeren Namen bestens vertraut. Und auch Uniformen in Klassenzimmern machen ihnen vermutlich genauso wenig Probleme wie allgegenwärtige Nationalflaggen. Während ich die türkische Fahne, vor der sich unser Lehrer postiert wie eine Bulldogge vor Herrchens Haus, noch mit leichtem Befremden anstarre, springen die drei schon unbeirrt an ihm vorbei zur Tafel, um dort ihre Namen zu hinterlassen und deren Bedeutung zu erklären. Zwar hatte bisher keiner ihrer Herrscher die komplizierten Schriftzeichen ihrer Sprache zu Gunsten der Völkerverständigung durch lateinische Buchstaben ersetzt, wie es in der Türkei einst geschah, aber eine lateinische Variante ihrer Namen haben sie immerhin parat. Und so kommt es, dass ich in den ersten Minuten meines Türkischkurses zunächst etwas Chinesisch lerne: Ich erfahre, dass Peng „großer Vogel" heißt, Xiong[1] „männlich und mächtig" und Hui „Güte und Freundlichkeit". Nebenbei gibt es dann noch einen kleinen Einblick in die Mechanismen der Globalisierung: Peng arbeitet in der Immobilienbranche, Xiong an der Istanbuler Börse, und Hui, die einzige Frau in der Delegation aus China, ist auf dem Heiratsmarkt aktiv gewesen: Nicht wegen der Arbeit, sondern wegen eines Mannes kam sie nach Istanbul.

Ich muss an Frau Ö. denken, die andere Heiratsmigrantin. So nennt die Soziologie die Frauen, die außer Landes ihr Eheglück suchen. Frau Ö. möchte mich nicht sehen.

Erst an dem Tag nach meinem ursprünglich geplanten Rückflug darf ich sie wieder besuchen. Vorher, so sagt sie, glaubt sie mir nicht, dass ich nicht doch noch in den Flieger steige, zurück zu Tom. Ich wollte ihr vorschlagen, mein Ticket vor ihren Augen in kleine Stücke zu reißen oder – besser noch – anzuzünden und in einer feuerfesten Schale zu verbrennen. Doch dann fiel mir ein, dass es ein E-Ticket ist, einzig im Rechner gespeichert und nicht als Papier greifbar. Der Fortschritt verhindert so manche große Geste.

Dann bin ich an der Reihe. Das Buchstabieren meines Namens ist nicht das Problem, seine Bedeutung ist es. Wo der Name „Cornelia" herkommt – ich weiß es beim besten Willen nicht. Laut meiner Mutter kommt er von Cornelia Froboess, meiner Namensgeberin. Aber deren größten Hit aus den Sechzigern – „Zwei kleine Italiener" – kennen meine drei Chinesen sicher nicht. Ich brauche eine bessere Erklärung und überlege. Cornelia – steckt da nicht ein Horn drin, lateinisch Cornus? Cornelia, die „Gehörnte"? Nein, dann schon besser: die mit den Hörnern. Also erkläre ich: „That means horn."

„Horn?" Die drei Chinesen schauen mich neugierig an. In ihrer unzertrennlichen und ständig lächelnden Art erinnern sie mich ein wenig an die drei bunten Köpfe vom missglückten Logo der Fußball-WM 2006.

„Yes, horn", versuche ich es erneut, „like the Golden Horn."

„Ah", Önder nickt und zeigt in Richtung des Meeresarmes, der den historischen Teil der Stadt, Sultanahmet, von dem moderneren Beyoğlu, wo wir uns gerade befinden, trennt und den man vom Fenster aus sogar sehen könnte, wenn nicht so viele Häuser die Sicht versperrten.

Haliç heißt der rund zehn Kilometer lange Seitenarm des Bosporus bei den Türken, was so viel heißt wie Meeresbusen. „Vergoldet" haben ihn die Europäer, wenn auch nur namentlich. Denn mit Gold und Glanz hatte das in seiner Form leicht an ein Horn erinnernde Gewässer in den letzten Jahrhunderten nur wenig zu tun, flossen doch lange alle Abwässer der Stadt hier hinein. Eine übel stinkende Kloake war das „Goldene Horn" über Dekaden. Umso hartnäckiger hielt sich der Glaube an vergangene wie künftige goldene Zeiten: Dass die Byzantiner kurz vor der Eroberung durch die Osmanen ihre ganzen Schätze in die Bucht gekippt haben, damit den Feinden nichts in die Hände falle, sagt man – und dass man nur danach tauchen müsse. Dass bei den Kämpfen in der Bucht zahlreiche Schiffe mit ihrer wertvollen Ladung untergingen – und dass man diese nur bergen müsse. Oder dass in die Fundamente aller historischen Gebäude in Ufernähe einst massenweise Gold eingearbeitet wurde – und man es nur ausbuddeln müsse. Das Volk glaubt bis heute an Legenden wie diese: Als Mitte der 1980er Jahre viele Fabriken in Ufernähe abgerissen wurden, sah man zahlreiche Goldsucher emsig über die Schutthaufen krabbeln. Und als eine Firma aus Japan einst anbot, das Goldene Horn völlig kostenfrei zu reinigen, wenn sie dafür alle Schätze behalten könne, die sie auf dem Meeresboden fände, schmetterte die Stadtverwaltung diesen Vorschlag entrüstet ab.

Doch was hat das Goldene Horn mit meinem Namen zu tun? Wieder diese erwartungsvollen Blicke. Ich versuche es erneut und bilde mit den Händen zwei Hörner über den Schläfen.

„The Devil?", fragt Önder, und ich wehre entsetzt ab. Um die peinliche Stille zu überbrücken, die durch meine

Ratlosigkeit entsteht, fragt mich der Lehrer schließlich nach meinem Job. Tamam, in Ordnung.

„Ghostwriter", erkläre ich tapfer.

„Ghostrider?", fragt der eine Chinese zurück, den meine Teufelshörnchen wohl so nachhaltig beeindruckt haben, dass er die Vorstellung, ich würde des Nachts als mit Mephisto verbündete Motorradbraut durch die Straßen jagen – wie der Ghostrider aus den amerikanischen Marvel Comics –, gar nicht so abwegig findet. „No", belehrt ihn der andere trocken, „Goatrider."

Wieder schüttele ich energisch den Kopf. „Hayir, hayir!" Nein, nein, ich reite weder auf Motorrädern, noch auf müffelnden Ziegen. Also noch einmal langsam zum Mitschreiben: „gooouust-wrei-da". Dann erkläre ich auf Englisch, was ich in Istanbul vorhabe. Aber die Stichwörter „Geist", „alte Frau" und „Schicksal" scheinen Önder auf die falsche Fährte geführt zu haben. Als ich später im Wörterbuch nachschauen sollte, welchen Beruf er hinter meinen Namen an die Tafel geschrieben hat, finde ich die Übersetzung für – „Hellseherin".

Auf dem Heimweg rekapituliere ich die frisch gelernten Vokabeln und Zahlen:

Ich zähle die Schuhputzer, die hinter golden glänzenden Trittbrettchen auf Kundschaft warten und, wenn sich einer findet, manchmal sogar mit bloßen Fingern die Farbe auf das Leder schmieren, so als cremten sie ein Gesicht ein.

Ich zähle die amerikanischen Coffeeshops, die an nahezu jeder Ecke den Türken erklären wollen, wie man Kaffee macht. Dabei hatten die Osmanen doch schon weltberühmte Kaffeehäuser, als in Nordamerika die Siedler noch um das pure Überleben kämpften.[2]

Ich zähle die Tüllkleider in den Auslagen der Brautausstatter, die in einem Land, in dem dreißig Prozent der Bevölkerung jünger als 35 Jahre und davon wohl hundert Prozent äußerst heiratswillig sind, immer Konjunktur haben.

Ich zähle die Möwen in der Luft und die Katzen in den Straßen.

Ich zähle die alten Herren, die an niedrigen Tischen Backgammon spielen, das hier Tavla heißt, und die Zigeunerinnen mit ihren Blumenkörben.

Ich zähle die Männer in Uniform und die Frauen, die ein Kopftuch tragen.

Meine Bilanz, als ich bei Gizem angekommen bin: 22 Schuhputzer, 15 Coffeeshops, 134 Brautkleider, 54 Möwen, 56 Katzen, 24 Backgammonspieler, 12 Blumenverkäuferinnen, 83 Milizen und 71 Kopftücher.

Salman sitzt am Küchentisch und malt Autos auf Gizems Stromrechnung. Ich lege meine Schulbücher neben ihn auf den Tisch und setze Wasser für einen Kaffee auf, oder besser: für einen Nescafé. Dass die einstigen Erfinder des Mokkas jetzt auf Instantkaffee schwören, ist nur eines der vielen Dilemmata dieses Landes. Kein Wunder eigentlich, dass ausgerechnet die Amis glauben, den Türken in Sachen Kaffee noch etwas vormachen zu können. Ich suche die Milch und kann sie nicht finden.

„Salman, süt var me?", frage ich den Jungen, der daraufhin von seinem Gekritzel aufblickt und mich völlig entgeistert anstarrt. Wenn sein Zwergkaninchen plötzlich anfinge zu sprechen, er würde nicht weniger erstaunt schauen: Die Frau, die seit Tagen in Mamas Arbeitszimmer wohnt und bisher nur unverständliche Laute von sich gab, spricht seine Sprache!

„Evet, evet, evet!", ruft er nach dem ersten Schock, springt auf, öffnet eine der vielen Schranktüren und holt eine H-Milch hervor. „Tesekkürler!", sage ich dankend. „Bir şey değil!", der Kleine.

Als ich mich mit meinem Pulverkaffee, dem die Milch jetzt eine eigenartige graubraune Färbung verpasst, wieder umdrehe, ist Salman damit beschäftigt, in meinem Schulbuch die Bildchen auszumalen, die uns Sprachschülern aus der ganzen Welt anschaulich die Vokabeln erklären und zudem wohl auch an das fotografische Gedächtnis appellieren sollen. Ich freue mich, dass sie darüber hinaus auch noch zu etwas anderem nützlich sind, nehme meine Tasse Kaffee und setze mich neben das malende Kind.

„Ist das ein Bus?", frage ich ihn auf Türkisch und zeige auf das Bild, das er gerade bearbeitet.

„Ja, das ist ein Bus."

„Und das", sagt der Junge und zeigt auf das Bild daneben, „ist ein Flugzeug." Seine Augen strahlen, wie sie es bei kleinen Jungen, die das Wort Flugzeug aussprechen, wohl auf der ganzen Welt tun.

„Richtig", sage ich, wobei ich den lobenden Lehrerton von Önder imitiere. „Und was ist das?"

Salman verdreht die Augen, und in einem gelangweilten „Das-weiß-doch-jedes-Kind-Tonfall", bei dem er die Silben wie Kaugummi auseinanderzieht, antwortet er: „A-ra-ba". Ein Auto. Und davon gibt es wirklich so viele in der Stadt, dass sie einen kleinen Jungen kaum noch beeindrucken können. Zudem stehen direkt vor der Tür die neuesten Modelle der teuersten Marken. An den Schaufenstern von Ferrari und Co. muss sich der Junge die Nase nicht platt drücken. Kein Wunder, dass Salman das gekritzelte Bildchen, das entfernt allenfalls einem Fiat Panda aus den Neunzigern ähnelt, keiner Buntstiftlackierung wert erachtet.

Also zeige ich auf ein Bild mit einer Ente: „Und das, ist das eine Giraffe?" Merkwürdigerweise habe ich diese Vokabel in meiner ersten Unterrichtsstunde gelernt, im gleichen Atemzug wie Wasserpfeife und Moschee, so dass ich fast glaubte, die Giraffe sei hier inzwischen ebenso oft anzutreffen. Der Kleine quietscht sein gewinnendes Kinderlachen. „Nein, Dummkopf, das ist eine Ente!"

Ich bin glücklich. Mein erster Dialog mit einem Einheimischen! Ich musste weder nach Wörtern ringen, noch lähmte die Grammatik meine Zunge – und mein Gegenüber hat mich bestens verstanden. Was für ein großer Moment! Ich ahne ja nicht, dass er für lange Zeit der einzige dieser Art bleiben sollte.

Gizem betritt die Küche – mit einem Handtuch um den nassen Körper gewickelt und Lockenwicklern im Haar. „Ihr versteht euch ja prächtig", sagt sie, zieht sich einen Stuhl heran und betrachtet neugierig mein Bilderbuch. Auf ihre Frage, ob es ursprünglich für Analphabeten konzipiert wurde, gehe ich bewusst nicht ein und erzähle stattdessen von der ersten, etwas befremdlichen Begegnung mit meinem „Führer". Salman hat zwischendurch den Kopf von meinem Buch gehoben und mich tief enttäuscht angeschaut: Ich bin wieder auf das Level vom Zwergkaninchen herabgesunken.

Als ich meine Erzählung beende, frage ich Gizem, was für eine Bedeutung ihr Name hat.

„Geheimnis!"

„Ach komm schon, verrat es mir", bettele ich, neugierig, was Gizems Eltern ihrer Tochter angetan haben. Schließlich hörte ich schon von Türken, die – übersetzt – Ungeheuer, Wildente oder Kamel hießen.

„Geheimnis", wiederholt sie. „Gizem bedeutet Geheimnis."

Dann zeigt sie auf das malende Kind: „Salman heißt Freiheit. So wie das, was mir in meinem Leben immer am wichtigsten war." Sie zwinkert ihrem Sohn zu, der sich inzwischen die Freiheit genommen hat, die Giraffe pink auszumalen. Ich nehme es als weiteres Indiz dafür, dass sie wohl tatsächlich nicht in diesen Breiten zu beobachten ist. „Aber nun ist er es, der mir am wichtigsten ist", fügt sie hinzu, und mit einem Zwinkern in meine Richtung: „Mit der Freiheit ist es natürlich erst mal vorbei."

Gizem zündet sich eine Zigarette an und gibt eine kleine Einführung in die türkische Namenskunde. Unbegrenzt scheinen die Möglichkeiten für türkische Eltern. Ist alles dran am Neugeborenen, könnten sie das Kind zum Beispiel „Vollkommen" – Kemal – nennen. Auch schöne Augen und lange Wimpern, Tülin, sowie Grübchen, Gamze, können einem ein Leben lang anhängen. Oder die schwierigen Umstände der Geburt, wenn Sohn oder Tochter dann ihr Leben lang „Beeile dich", Tezol, oder „Befreie dich aus der schwierigen Situation", Kurtul, gerufen werden. War es eine ersehnte Schwangerschaft, könnte das Kind „Wunsch" heißen – Murat oder Arzu. War es ein Versehen, dann vielleicht Nagehan, „plötzlich und unerwartet". Auch konkrete Berufswünsche können die Eltern formulieren. Ein Orhan soll zum Beispiel Richter werden, ein Yazgan Schriftsteller, ein Uçman Pilot. Und wer noch keine konkrete Idee hat, was aus dem Junior werden, er es aber unbedingt zu etwas bringen soll, nennt ihn Ünal oder Sanal. Das heißt so viel wie „Werde berühmt".

„Mein Exmann heißt übrigens Taskan, ‚hart wie ein Stein'", fährt Gizem fort, und fügt – während sie mit Nachdruck ihre Zigarette im Aschenbecher ausdrückt, als könnte sie damit einen weiteren Schlusspunkt unter ihre gescheiterte Ehe setzen – hinzu: „Er machte seinem Namen alle Ehre." Bevor ich auf diese Äußerung reagieren kann, lächelt sie jedoch schon wieder und fragt, welche Vokabeln ich noch gelernt habe außer „Führer" und „Giraffe".

Ich schaue mich um, zeige auf Lampe, Teppich und Stuhl – und die beiden Einheimischen amüsieren sich über meine Aussprache. Als ich beim Kalender bin, fällt mir das Datum auf. In zwei Tagen gehen die vier Wochen, die ich bei Gizem wohnen darf, zu Ende. Zwar hat sie schon gesagt, dass ich ruhig länger bleiben kann. Aber es war nicht wirklich sie, die da sprach. Es war die wohlerzogene und überaus strenge alte Dame namens Misafir Perverlik, die eigentlich immer das letzte Wort hat: die türkische Gastfreundschaft, der sich niemand entziehen kann. Lieber quartiert ein Türke noch eine halbe Fußballmannschaft aus Anatolien in seiner Zweizimmerwohnung ein und nächtigt im Stehen in der Dusche, bevor er von sich aus sagt, dass ihm langsam alles ein wenig zu viel wird. Also ist es an mir, den Abschied einzuläuten. Gizem, so viel habe ich verstanden, ist ein Mensch, der seine Ruhe braucht. Nicht ohne Grund hat sie darauf bestanden, nach der Scheidung nicht, wie in vielen türkischen Familien üblich, zu den Eltern zurückzuziehen, was zumindest die Betreuung von Salman um einiges einfacher gemacht hätte. Und nicht ohne Grund hat sie ihren Sohn „Freiheit" genannt.

„Gizem", hebe ich an und versuche so bestimmt wie möglich zu klingen, „ich werde morgen auf Wohnungssuche gehen."

„Du weißt aber, dass ...", will sie einlenken.

„Ja, ich weiß", unterbreche ich sie und reiche ihr eine frisch aufgegossene Tasse Nescafé, die sie dankend entgegennimmt.

Der wahre Istanbuler arbeitet auf der europäischen Seite und wohnt auf der asiatischen. Ich möchte es genauso machen, erkläre die Wohnung von Frau Ö. und den Klassenraum meiner Sprachschule – beides in Europa gelegen – zu meinen Arbeitsstellen und begebe mich auf Wohnungssuche in Asien. Kadıköy ist der Stadtteil meiner Wahl. Er ist älter als Istanbul. Schon im 7. Jahrhundert vor Christi wurde er von Griechen besiedelt, die ihre Neugründung Chalcedon nannten. Als „Stadt der Blinden" wiederum soll das Orakel den Ort bezeichnet haben und wollte damit nichts anderes sagen, als dass die Siedler wohl Tomaten auf den Augen gehabt hatten. Auf der anderen Seite des Bosporus, gleich gegenüber, hätten sie sich nämlich strategisch viel günstiger niederlassen können – so, wie es die Byzantiner dann auch etwas später getan haben. Mittlerweile haben die Türken den Stadtteil in Kadıköy – Dorf des Richters – umgetauft. Bekannt ist er für seine Musikkneipen, für den großen Wochenmarkt am Dienstag und Freitag, vor allem aber für das topmoderne Fußballstadion von Fenerbahçe.

Für Touristen sind das normalerweise keine ausreichenden Argumente für einen Ausflug auf die asiatische Seite Istanbuls, weshalb ihnen so einiges entgeht: etwa die herrliche Promenade am Wasser, hinter der sich die Hochhäuser um den besten Meerblick drängeln. Oder die luftigen Teegärten am Rande der Steilküste in Moda, auf deren Plastikstühlen man den Blick weit schweifen lassen kann über das Meer, das von da oben betrachtet eine ganz andere Tiefe bekommt. Oder der tägliche Fischmarkt in der Altstadt, wo die Verkäufer so aufgeregt schreien, als wären sie es, denen die Luft knapp wird, und nicht der Fisch, der seine letzten Atemzüge auf den Auslagen macht.

Ich gehe in das nächstbeste Maklerbüro. Davon gibt es hier in etwa so viele wie Kioske oder Wettbuden. EMLAK steht drüber. Wirbelt man die Buchstaben ein wenig durcheinander und tut noch ein R dazu, kommt man auf MAKLER. Lässt man es weg und wirbelt im hinteren Teil noch ein bisschen herum, auf MAKEL. Mit beiden Phänomenen bekommt unweigerlich zu tun, wer durch die Tür eines solchen Büros tritt.

Der Mann spricht weder Deutsch noch Englisch. Also beschränkt sich unser gemeinsamer Wortschatz auf die dreißig Vokabeln, die ich mir gestern aus meiner Überlebensfibel für Türkei-Einwanderer, Kapitel „Wohnung suchen", eingeprägt habe, und den wenigen ersten aus dem gestrigen Unterricht. Doch den Makler kümmert es wenig. Er redet munter drauflos, ohne auch nur Sprechtempo oder Wortwahl meinem Anfängerlevel anzupassen. „Tamam?", fragt er, als er endlich fertig ist, und ich zucke mit den Achseln. Der Makler seufzt. Dann schaut er auf meine rechte Hand, wo sich kein Ehering befindet, seufzt wieder, kratzt sich am Kopf, da, wo der Haaransatz schon vor Jahren den Rückzug Richtung Nacken angetreten hat, sucht dann ein paar Schlüssel aus seiner Schublade und bedeutet mir mit einer Geste, ihm zu folgen. Hinter mir schließt er seinen Laden ab und vor mir sein Auto auf.

Wir fahren um zwei Straßenecken, halten vor einem schmalen Haus und begeben uns in den dritten Stock. Der

Makler braucht etwa fünfzig Sekunden, um die Wohnung aufzuschließen, und ich keine vierzig, um mit ihr abzuschließen. So dunkel sind die Räume, dass ich nicht mal die Farbe der Tapete richtig erkennen kann. Durch die Fenster kommt so gut wie kein Licht: Direkt vor dem Haus steht schon das nächste Gebäude, und die Räume nach hinten liegen so dicht an den Balkonen des Nachbarn, dass man bei dessen Abwesenheit seine Blumen gießen könnte, ohne den Schlüssel zur Wohnung zu haben. Das möchte ich nicht.

Bei der nächsten Wohnung bin ich noch schneller wieder draußen. Hier müssten die Füße in der Dusche stehen, will man auf der Toilette sitzen, wobei sich einem allerdings das halbe Waschbecken in die Seite bohrte. In der dritten Wohnung hat der Schimmelpilz ein beeindruckendes Muster an die Küchenwand gemalt. Und in der vierten stehe ich auf einmal in der Annahme, die Tür zur Speisekammer geöffnet zu haben, unter freiem Himmel. Hier hat man irgendwie das Dach vergessen. Ich schaue den Makler an, der nur achselzuckend erklärt, dass dies doch im Winter einen tollen Kühlschrank abgebe, und frage mich langsam, ob es tatsächlich die Wohnungen sind, mit denen irgendetwas nicht stimmt, oder ob ich es vielleicht bin.

In der nächsten Wohnung ist die Sache klar. Hier stimmt was nicht. Hier stinkt was. Der Geruch ist beißend und intensiv. Doch das ist nicht das Einzige, das seltsam erscheint. Die Wohnung ist nicht nur voll möbliert, sondern auch bewohnt. Es sieht so aus, als wäre der Mieter gerade eben aus dem Haus gegangen.

„Wann, äh, einziehen?", frage ich, wobei sich die Verwirrung zusätzlich verschlechternd auf mein Türkisch auswirkt. Ich muss in meinem Wörterbuch nachschlagen, ob das, was der Makler antwortet, tatsächlich „heute" heißt. Wie soll das gehen? Ich zeige auf die schwere Schrankwand mit den vielen Bildern, auf den speckig glänzenden Teppich, die verstaubten Vorhänge und das klobige, hässliche Sofa. Wer schleppt das heute noch raus? Wer holt die Tapete herunter, die uns freundlicherweise schon halb entgegenkommt, und klebt eine neue drauf? Und vor allem: Wer karrt die drei Tonnen Duftbeutelchen an, die notwendig wären, um diesen merkwürdigen Geruch für immer in sich aufzunehmen – und das alles noch heute?

„Wer, äh, wann?", stammele ich hilflos. Der Makler schüttelt den Kopf und zeigt mit dem Finger auf mich. Während ich die Wohnung entrüstet verlasse, wächst ein schrecklicher Verdacht in mir und keimt, wie vermutlich nicht nur einige Essensreste in der Küche das schon seit Tagen tun. Seit dem Tag nämlich, als der Mieter hier verstarb. Offensichtlich ist es um die türkische Nachbarschaft, bei allem angeborenen Gemeinschaftssinn, nicht viel besser bestellt als um die viel gescholtene deutsche. Denn der Mieter, kommt es mir in den Sinn, als der Makler schon wieder hinter dem Steuer klemmt und uns durch das Straßenlabyrinth lenkt, musste schon eine Weile hier gelegen haben, so wie es in der Wohnung roch. Mir wird übel. Ich bitte den Makler, sofort anzuhalten und mich aussteigen zu lassen. Er tut das auch, nicht ohne mir jedoch aufgebracht einige schnell gesprochene Sätze hinterherzuwerfen, die ich nicht verstehe. Nur „Gecekondu" höre ich heraus, nehme an, dass es etwas Unverschämtes bedeutet, „Gece" heißt schließlich „Nacht". Doch bevor ich auf Deutsch zurückschimpfen kann, hat der Makler Gas gegeben und mich allein zurückgelassen. So stehe ich nun irgendwo in Kadıköy, planlos, obdachlos – und: Das Frühstück bin ich dann auch schnell los.

Jetzt bloß nicht aufgeben! Also laufe ich direkt in das nächste Maklerbüro, das ich finden kann, und sage meinen auswendig gelernten Ich-suche-eine-Wohnung-Text auf. Als ich fertig bin, mustert mich der Mann hinter dem Schreibtisch belustigt und antwortet schließlich in akzentfreiem Deutsch: „Was hat Sie denn hierher verschlagen?"

Er ist der erste Deutschtürke, den ich in Istanbul treffe, und einen besseren Zeitpunkt hätte es kaum dafür geben können.[3] Auf dem Weg zu seinem Auto erzählt er mir von seiner Jugend in Duisburg und wie er schließlich nach der Ausbildung beschloss, dahin zu gehen, wo seine Eltern herkommen. „Murat", sagt er und streckt mir die Hand entgegen.

Murat gibt Gas – und tritt kurz darauf wieder auf die Bremse. Wir stecken im Stau.

„Was heißt eigentlich Gecekondu?", frage ich, nun doch neugierig, was der andere Makler mir mit auf den Weg gab. Murat schaut mich prüfend an. Dann erklärt er: Gecekondu heißt „über Nacht gelandet". Gemeint sind die eilig zusammengezimmerten Häuschen, die sich die Einwanderer aus Anatolien seit den 1950er Jahren auf unbebaute Grundstücke der Stadt setzen, in dem sicheren Glauben, dass es ihnen keiner mehr wegnehmen kann, wenn sie sich nur ordentlich beeilen – und in genau einer Nacht fertig werden.[4] Ich hatte schon von dieser Landnahme nach dem Selbstbedienungsprinzip gehört. Nur der Fachbegriff war mir neu. Dann hat der Makler wohl gemeint, ich solle mir selbst ein Haus bauen. Ganz nach meinen Vorstellungen.

„Wo könnte ich so ein Häuschen denn hinbauen?", frage ich interessiert. Dass sich meine Fertigkeiten im Häuserbau lediglich auf ein paar lange zurückliegende Nachmittage mit dem Lego-Baukasten gründen, beunruhigt mich zunächst wenig. Wenn man so ein Haus in einer Nacht aufbauen kann, wird es so kompliziert nicht sein.

Murat lacht. „Früher war das ganz einfach. Da setzten die Einwanderer ihre Gecekondus einfach überall hin, wo gerade Platz war. Manche sogar direkt neben den Topkapı-Palast an die Stadtmauer. Meistens aber in die Nähe der Fabriken, in denen die Leute Arbeit suchten. Heute gibt es hingegen kaum noch freie Flächen. Ganz weit draußen am Stadtrand würden Sie vielleicht noch was finden. Dafür müssten Sie aber stundenlang fahren. Und die meisten der wenigen Lücken, die es in der Stadt noch gibt, sind in den Händen der Mafia. Um da unterzukommen, bräuchten Sie gute Kontakte und viel Knete." Womit die Option für mich gestorben war.

„Überhaupt", fährt der Makler fort, „traf es die, die zuerst da waren, im Nachhinein mal wieder am besten. Mancher ließ sich seine Bretterbude später nämlich vergolden. Mein Schwiegervater zum Beispiel."

Ich schaue aus dem Fenster und blicke auf einen in Bronze gegossenen riesigen Stier, der mitten auf einer Verkehrsinsel ungeduldig den Kopf neigt. Es ist nicht, wie ich erst annehme, das Denkmal für den im Stau feststeckenden Istanbullu, der auch jetzt, dicht an dicht aneinandergedrängt, seiner Freiheit beraubt mit den Hufen scharrt. Vielmehr soll die Statue an die Sage erinnern, wonach Zeus sich in einen Stier verwandelte, um den Bosporus zu überqueren und Europa zu entführen. Doch das ist lange her. Nicht so lang her ist das, was mir Murat jetzt erzählt.

Während wir uns nur zentimeterweise vorwärtsbewegen, gehen wir in großen Schritten ein paar Jahrzehnte zurück.

In den fünfziger Jahren, so erzählt Murat, kam der Schwiegervater aus Anatolien nach Istanbul. Er wusste zunächst nicht, wohin, und kam in einem der so genannten Junggesellenzimmer unter. Da hausten die jungen Männer aus der Provinz auf engstem Raum, ähnlich wie in einem Flüchtlingslager, ihre einzige Habe: ein belastbarer Körper mit einem Kopf voller Hoffnungen. Der Schwiegervater fand Arbeit in einer Fabrik und hatte bald so viel Geld zusammen, dass er sich ein kleines Häuschen bauen konnte – eins dieser typischen Gecekondus mit zwei Zimmern und einem kleinen Garten vor der Tür für ein bisschen Obst und Gemüse. Er heiratete und bekam drei Kinder. Und wie seine Familie, so wuchs auch die Siedlung um ihn herum. Irgendwann hatte die Politik erkannt, dass man in den Gecekondus gut Stimmen fangen konnte. Also taten sie einiges, damit die Siedler sie wählen würden: In den sechziger Jahren gab es zunächst eine Amnestie, das heißt, die Gecekondu-Bauer galten nicht mehr als Kriminelle. Der Schwiegervater wurde also offizieller Pächter. Etwas später bekam er dann den Grundbucheintrag, ein so genanntes Tapu. Damit wurde der ehemalige illegale Besetzer zum legalen Grundeigentümer. „Es gibt sogar noch ein Foto von ihm, wo er die Besitzurkunde stolz in die Kamera hält", erzählt Murat.

„Doch es wird noch besser", fährt er mit einer plötzlichen Begeisterung fort, die auch damit zu tun haben könnte, dass sich der Stau gerade auflöst. „Anfang der 1980er Jahre kam nämlich ein Bauunternehmer zu meinem Schwiegervater und machte ihm folgendes Angebot: ‚Ich lasse deine alte Bude abreißen, dafür setzen wir dir ein mehrstöckiges Apartmenthaus auf dein Grundstück. Die Hälfte aller Wohnungen gehört dir und deinen Kindern, die andere ist meine. Du hast keine Kosten. Ich finanziere den Bau über den Verkauf der Wohnungen, die mir dann später gehören.'" Damit wurde der illegale Landbesetzer von einst also auch noch über Nacht zum Immobilienbesitzer. Als das Apartmenthaus fertig war, bekam der Schwiegervater vier Eigentumswohnungen. Zwei davon hat er vermietet, zwei verkauft. Und von den Einnahmen bezahlte er sein Häuschen an der Ostküste, wo er nun das ganze Jahr über die Meerluft und die Ruhe genießt – von den paar Wochen, in denen die fünfköpfige Familie Murats zu Besuch kommt, einmal abgesehen.

Ich komme aus dem Staunen nicht heraus. Ein modernes Märchen aus Tausendundeiner Nacht, wobei es wohl die eine Nacht war, die das Märchen erst möglich machte.

„So ungewöhnlich ist die Geschichte gar nicht. Vielen ging es so. Man musste nur sein Häuschen an der richtigen Stelle haben, damit es für diese Bauunternehmer interessant genug war." Murat parkt den Wagen ein. Als er über die Schulter schaut, grinst er mich bedauernd an: „Sorry, Lady, die Zeiten sind leider vorbei. Sie sind zu spät."

Das Erste, was ich sehe, ist das Meer. Es füllt die halbe Fensterfront im Wohnzimmer aus. Die andere Hälfte füllt der Himmel. Ich bin begeistert.

„Wo wir uns jetzt befinden, stand natürlich nie ein Gecekondu. Hier waren schon immer die Sommerhäuser der Istanbuler." Der Makler hat offensichtlich genauso Gefallen am Dozieren gefunden wie ich inzwischen an dieser Wohnung. „Damals wohnte man noch auf der europäischen Seite und zog im Sommer auf die asiatische, in schicke Holzvillen am Meer. Yalı nennt man die, einige davon stehen auch noch. Aber die meisten sind abgebrannt."

Doch ich habe schon lange kein Ohr mehr für den Makler. Ich bin beschäftigt. Ich richte meine neue Wohnung ein. In Gedanken schiebe ich den Schreibtisch so, dass ich beim Arbeiten auf das Meer sehen kann. Hänge bodenlange Vorhänge auf, die im Wind leicht flattern. Und rücke das Bett so ans Fenster, dass ich beim Aufwachen auf die Prinzeninseln gucke. Ich kann kaum glauben, dass eine solche Wohnung für mein Budget zu haben ist. Vorsichtshalber frage ich nach. „Wie viel kostet denn diese Wohnung?" Die Antwort ist ernüchternd. Bei allem Gerede über Gecekondus hatte ich wohl ganz vergessen, meine Preisvorstellungen klarzumachen.

Murat zuckt entschuldigend die Schultern: „Bisher wollten alle Ausländer, die zu mir kamen, genau solche Wohnungen." Ich muss ihm bedauernd erklären, dass ich zwar auch genau so eine Wohnung will, aber leider nicht bezahlen kann. Der Makler sagt, dass er im Moment zwar keine Wohnungen in meiner Preisklasse im Angebot habe, sich aber gern umhört und bei mir meldet, sobald er was weiß. Ich gebe ihm meine Telefonnummer.

Dreimal ruft Murat an. Einmal möchte er mit mir einen Kaffee trinken. Ein andermal einen Tee. Und das dritte Mal hat er angeblich eine Wohnung für mich. Ich fürchte, es ist nur ein weiterer Versuch, sich mit mir zu verabreden, sage dann aber doch zu. Schließlich nutze ich Gizems Gastfreundschaft schon viel zu lange aus.

Ich muss nicht lange überlegen. Diese Wohnung möchte ich haben. Drei Zimmer, Küche, Bad, Balkon. Es gibt Parkett im Wohnzimmer, Fliesen im Flur und im Bad eine Badewanne. Wenn ich den Kopf weit aus dem Wohnzimmerfenster strecke, sehe ich links sogar den Bosporus. Steil fällt die Straße zum Ufer ab und erinnert ein wenig an San Francisco.

Ich unterschreibe den Vertrag, den der Makler schon dabei hat. Vorher rufe ich noch Gizem an und frage, ob sie für mich bürgen kann. Ihr schnelles „Ja" bestärkt mich nur in meinem Wunsch, ihr nicht mehr länger auf der Bude zu hocken. Dann bekomme ich sogar schon die Schlüssel. Wenn ich wollte, könnte ich bereits diese Nacht in meiner neuen Wohnung schlafen. Ich staune, wie schnell in Istanbul zuweilen das Wohnungsproblem gelöst wird – schneller, als sich anatolische Einwanderer ein Gecekondu bauen können. Und das ist schon verdammt schnell.

Die Tür knallt ins Schloss – und damit der euphorischen Jubellaune vor der Nase zu. Ich bleibe allein mit einem traurigen Gefühlsmischmasch aus Einsamkeit, Zweifel und Sehnsucht. Meine Knie werden weich. Ich setze mich auf den schmierigen Parkettboden und tippe Toms Nummer ins Handy.

„Ich habe gerade einen Mietvertrag für ein Jahr unterschrieben", flüstere ich kleinlaut.

Ein kurzer Moment vergeht, dann höre ich Toms Lachen.

„Du hast was?"

Natürlich lacht er. Es ist unsere Art, mit Tatsachen umzugehen, die der eine schafft und der andere zwar akzeptiert, sich aber noch nicht in allen Dimensionen bewusst gemacht hat. Als Tom mir den Heiratsantrag gemacht hatte, war ich es, die lachte. Dabei hätte ich ihm ohne zu zögern schon nach den ersten vier Wochen die ewige Treue geschworen. Doch als es ernst wurde – drei Jahre später –, musste ich lachen. So wie ich geglaubt hatte, Tom würde mich nie fragen, ob ich seine Frau werden will, hatte er wohl bis zu diesem Moment geglaubt, ich würde mich doch noch in den Flieger setzen und zurückkommen. Wenn mich sein Lachen auch nicht ansteckt, so muss ich zumindest wieder lächeln.

Tom will alles wissen über die Wohnung, wie groß sie ist, ob ich dort gut arbeiten kann, ob die Gegend sicher oder gefährlich ist, ob das Wasser warm und reichlich aus den Rohren fließt und das Bad ohne Schimmel ist. Als ich ihn in allen Punkten beruhige und ihm auch noch sage, dass das Fußballstadion von Fenerbahçe gleich um die Ecke liegt, möchte er mich so schnell wie möglich besuchen.

„Wann kannst du kommen?"

Und dann passiert, was in einer Fernbeziehung, die einzig am Telefon gelebt wird, nicht passieren darf: Wir schweigen. Schweigen aber ist strengstens verboten. Reden, Kichern, Seufzen, Lachen, Schnauben, Stöhnen – alles erlaubt, nur nicht Schweigen. Ich zähle die Sekunden wie der Kampfrichter nach dem K.O.-Schlag. Eins, zwei, drei … Dann erhebt sich der Boxer von der Matte.

„Das weiß ich leider noch nicht", kommt leise die Antwort. „Ich habe so wahnsinnig viel zu tun im Moment."

Und wieder: Eins, zwei, drei, vier … Doch erneut erhebt sich der sichtlich angeschlagene Boxer, schwankt noch ein wenig, bevor er gekonnt ausholt: „Hier ist es so still ohne dich."

In diesem Moment setzt plötzlich ein ungeheurer Lärm ein. Ein furchtbar lautes, weinerliches Gejammer erfüllt den Raum. Ich verstehe mein eigenes Wort nicht, geschweige denn Toms. Auch wenn es durchaus angebracht wäre – es ist nicht mein Herz, das sich da so lautstark Gehör verschafft. Es ist ein Muezzin. Ganz in der Nähe muss eine Moschee sein. Ich laufe von einem Fenster zum nächsten. Irgendwo muss das Minarett doch sein. Ich kann nichts erkennen. Vielleicht, so fürchte ich, ist es direkt auf dem Haus? Manche Moscheen, habe ich gehört, setzt man jetzt schon auf Wohn- oder Geschäftshäuser, weil sie von privaten Geldgebern finanziert werden und diese den Bau natürlich noch viel lieber unterstützen, wenn ihnen neben dem Segen Allahs auch noch ein paar Mieteinnahmen sicher sind. Ich bin verzweifelt: Warum, in Herrgottsnamen, nehmen Makler die Entfernung zur nächsten Moschee (in Metern, besser: in Dezibel) nicht ebenso als Kriterium in das Profil ihrer Mietobjekte auf wie Größe (in Quadratmetern) und Mietpreis (in Euro oder Lira)? Das könnte für verschiedene Zielgruppen doch durchaus interessant sein.

Als der Muezzin seinen Gesang beendet hat, höre ich Tom wieder lachen. Jetzt ist es ein heiteres, erleichtertes Lachen. „Na, das hältst du keine zwei Wochen aus", sagt er schließlich.

Anmerkungen zum April

[1] Xiong, dies sei hier nur am Rande erwähnt, hat ein Problem beim Buchstabieren seines Namens. Er findet kein X in dem türkischen Alphabet, das Önder in der Zwischenzeit an die Tafel geschrieben hat. Der Lehrer hat es nicht vergessen. Ein X gibt es nicht im Türkischen. Wie gut die Türken auch ohne klarkommen, macht einem jeder *Taksi*-Fahrer mühelos vor, und jede Sekretärin, die ein *Faks* schickt. Auf *Seks* müssen beide übrigens genauso wenig verzichten wie auf das eine oder andere *Ekstra*. Doch Önder lässt das X, wo es hingehört. Schließlich steht es so auch auf der Visitenkarte, die Xiong dem Lehrer ratlos reichte. Und Visitenkarten haben hierzulande eine gewisse Autorität.

[2] Man sagt auch gern, die Türken hätten das Kaffeetrinken erfunden. Stimmt nicht ganz, da waren andere schneller. Jemeniten und Ägypter zum Beispiel. Aber irgendwann gehörten auch diese Gebiete zum Osmanischen Reich – und damit deren Kaffeebohnen. 1554 eröffneten in Istanbul die ersten Kaffeehäuser – Kahvehane – und erfreuten sich reger Beliebtheit. Nach diversen Verboten diverser Sultane, die glaubten, Kaffee und Koran wären nicht miteinander vereinbar, war der Kaffee aber spätestens Anfang des 17. Jahrhunderts in allen Schichten ein beliebter Muntermacher.

[3] Irgendwie kommt man in Berlin, vor allem in Kreuzberg oder Neukölln, zuweilen auf die irrige Annahme, alle Türken sprächen – zumindest ein bisschen – Deutsch. Aber in Istanbul wird man schnell vom Gegenteil überzeugt. Das deutsche Vokabular beschränkt sich oft auf wenige Phrasen wie „Achtung!", „Wie geht's?" und „Bundesliga". Und auch Englisch ist keineswegs selbstverständlich. Selbst bei den jungen Leuten nicht, obwohl der Englischunterricht seit Atatürk auf dem Lehrplan jeder Schule steht. Mit weit aufgerissenen Augen starrte ich zum Beispiel kürzlich eine korpulente Mittzwanzigerin an, die auf einem schwarzen XXL-T-Shirt über dem mächtigen Busen mit

der Größe ihres Penis prahlte („I may not be Jesus, but the size of my dick is a miracle" stand darauf).

4 Die Gecekondus sind ein Phänomen der Industrialisierung. Als die Bauern aus Anatolien in die Städte kamen, wo Arbeiter händeringend gesucht wurden, kümmerte sich niemand darum, wo die ganzen Leute eigentlich wohnen sollten. Es gab keine gesteuerte Stadtentwicklung, keine Planung, keine Infrastruktur. Also bauten sich die Einwanderer aus der Not heraus selbst ihre Häuser, zapften die Stromleitungen an und bastelten sich eine eigene Kanalisation.

Mai
— Einmal Konstantinopel und zurück —

> *„Gebet ist besser als Schlaf.*
> *Gebet ist besser als Schlaf."*
> (AUS DEM GESANG DES MUEZZIN
> BEI MORGENDÄMMERUNG)

ICH SITZE AM FENSTER und starre auf die Straße. Seit Tagen mache ich nichts anderes. Seit Tagen kann ich auch nichts anderes tun. Ich bin müde. Der Muezzin raubt mir den Schlaf und meine Kraft.

Ich habe alles versucht. Ich habe die Fenster mit Gummi abgedichtet und meine Ohren mit Ohropax. Ich habe mir schalldichte Kopfhörer aufgesetzt – wie die Männer an den Presslufthämmern. Ich habe ein Kruzifix über das Fenster gehängt und die Bibel neben die Matratze gelegt.

Es nützt nichts. Unermüdlich dringt der Ruf zum muslimischen Morgengebet in mein Zimmer, an mein Ohr und in mein Hirn. Mit „Gott ist der Größte" fängt es an. Mit „Gebet ist besser als Schlaf" hört es auf. Allah möge mir verzeihen, dass ich wage, Letzteres zu bezweifeln. Nutzt es ihm nicht viel mehr, wenn sich seine Geschöpfe ausgeschlafen durch die Welt bewegen?, frage ich mich, während ich zwischen den Laken den verlorenen Tiefschlaf suche. Und genauso wage ich zu bezweifeln, dass es draußen überhaupt schon so hell ist, dass man einen schwarzen von einem weißen Faden unterscheiden kann.[1] Oder

45

ist das Amt für Religionsangelegenheiten der Regierung womöglich wieder dazu übergegangen, blinde Muezzins einzustellen, wie früher üblich? Die können von der Spitze des Minaretts zwar keine sündigen Einblicke in Badezimmer genießen, aber vertun sich dafür vielleicht auch mal mit der Dämmerung.[2] Und dann frage ich mich auch – Allah vergebe mir auch diesen Gedanken! –, wie lange das eigentlich noch so gehen soll, dass der Muezzin der einzige Mann in meinem Leben ist, der mir den Schlaf raubt.

Wenn der Muezzin zum zweiten Mal ruft, ist es tatsächlich hell draußen und ich stehe auf. Ich mache mir eine Tasse Kaffee und setze mich ans Fenster. Ich nicke dem Schuster zu, der vor seinem Laden auf Kundschaft wartet, einen Çay nach dem anderen dabei trinkt und ab und an in seiner Werkstatt verschwindet: weil der Tee auf die Blase drückt, oder die Langeweile auf das Gemüt. Dann schustert er ein weiteres Paar der Pantoffeln, die sich vor dem Geschäft schon in großen Körben stapeln. Wenn es Winter wird, so nehme ich mir vor, kaufe ich ihm eins ab.

Aus dem Geschäft daneben tritt der Fleischer auf die Straße. Doch er schaut nicht hoch zu mir, er blickt über seine fleckige Schürze hinunter auf eine graue Katze zu seinen Füßen. Die ist so dick, dass sie in dem Land, aus dem meine Mitschüler kommen, besser nicht vor einem Fleischer hocken sollte. Doch der Islam verbietet den Verzehr von Katzen zum Glück ebenso wie den von Schweinen, Hunden und allen anderen Tieren, die ebenfalls Fleisch fressen. Und so lacht der Metzger nur wohlwollend, bewegt den dicken Wurstfinger belehrend hin und her, während sich der Schwanz der Katze erwartungsvoll über dem Boden kringelt. „Merhaba!", rufe ich. Die beiden schauen zu mir hoch. „Merhaba", sagt der Fleischer dann, „miau", die Katze.

Auch wenn es von außen betrachtet vielleicht den Anschein macht: Ich sitze nicht einfach so herum und schaue teilnahmslos auf die Straße, so wie die alten Menschen, die sich gelangweilt über ihre Fensterbretter hängen, weil sich darunter – anders als in ihrem Leben – noch was bewegt. Nein, ich bin nicht tatenlos, im Gegenteil: Ich bin ziemlich beschäftigt.

Ich kaufe Möbel.

Ich weiß zwar nicht, wann meine Möbel kommen oder wie sie aussehen. Wie viele es sind und in welchem Zustand sie sich befinden. Ich weiß nur, dass die Eskici sie bringen werden, die Altwarenhändler, die im Minutentakt mit ihren Handwagen durch die Straße ziehen, laut „Eskici!" rufen und hoffen, dass ihnen daraufhin genügend Menschen ihren alten Plunder überlassen und genügend andere ihnen den kurz darauf wieder abkaufen. Wenn es gut geht, schieben sie die schweren Sachen nur wenige Hauseingänge weiter. Wenn nicht, dann schon mal den ganzen Tag lang durch halb Kadıköy.

Zwei antike Stühle und einen wackeligen Holztisch habe ich auf diese Weise schon erstanden, pardon[3]: ersessen. Sogar eine Kommode im osmanischen Stil ist des Weges gekommen. Und eine herrliche chinesische Vase, die so groß ist, dass sogar Gladiolen darin versinken. Ich bin begeistert von dieser bequemen Art des Einkaufs. Die Ware zieht an den Kunden vorbei, ähnlich wie auf Cocktailpartys die Getränke an den Gästen, und man muss nur zugreifen. Es kostet auch – so gut wie – nichts. Kein Wunder, dass sich Ebay bisher in der Türkei noch nicht durchsetzen konnte.[4]

Doch wie fast immer, wenn sich etwas als einfach darstellt, hat die Sache einen Haken: Zwischen den Einkäufen bleibt verdammt viel Zeit, um auf unangenehme Gedanken zu kommen. Ließ ich in meinem Leben nicht vieles einfach so auf mich zukommen wie jetzt die Möbel für meine Wohnung?, denke ich zum Beispiel heute. Setzt sich meine Vita nicht genauso kunterbunt zusammen wie mein Mobiliar? Eine stringente Linie ist nicht zu erkennen, eher der Zickzackkurs, den der Altwarenhändler mit seinem Wagen auf das Pflaster schreibt, wenn er von der Straßenmitte von Haus zu Haus gerufen wird. Was ich eigentlich will, wohin die Reise gehen soll – ich weiß es nicht. Vielleicht, so hoffe ich, während unter meinem Fenster der Behandlungsstuhl aus einer gynäkologischen Praxis und ein verrosteter, mit grünen Algen bedeckter Anker vorbeiziehen, vielleicht bin ich nach einem Jahr in der Fremde etwas klüger.

Als der Muezzin das dritte Mal singt, beschließe ich, den Möbelkauf für heute aufzugeben und zum Unterricht zu gehen. Ich war viel zu lange nicht da.

Im Klassenraum angekommen stelle ich fest, dass sich die Chinesen vermehrt haben. Vier statt drei sitzen nun in einer Reihe nebeneinander – und mir gegenüber. Das Bevölkerungsverhältnis zwischen Asien und Europa könnten wir kaum anschaulicher darstellen.

Doch dann geht die Tür auf und eine blonde Frau, die neben mir Platz nimmt, bringt alles durcheinander.

„Bist du neu hier?", fragt sie mich, bevor ich sie das fragen kann. Ich muss ziemlich lange weg gewesen sein.

„Nein", antworte ich, „ich bin die Hellseherin."

„Ach", sie mustert mich von oben bis unten, „ich habe mir dich ganz anders vorgestellt." Mit einem lauten Klacken schnappt die Plastikplatte an der rechten Armlehne ein, die als Schreibtisch dient. „Dann muss ich dir ja nicht erzählen, dass ich Helena heiße, Griechin bin und den Sprachkurs mache, weil ich ab September an der Uni hier studieren möchte. Ich muss dir auch nicht erklären, dass ich so gut Deutsch kann, weil ich ein paar Jahre in Heidelberg gelebt habe, und dass ich meine Haarfarbe nicht der Natur, sondern der Chemie verdanke. Das weißt du ja dann schon alles." Ich nicke verblüfft. Zumindest das mit den aufgehellten Haaren hätte ich hellsehen können.

Önder betritt den Raum, diesmal nicht als Soldat, sondern als Sozialarbeiter verkleidet – mit Strickpulli, ausgebeulter Jeans und einem sehr verständnisvollen Gesichtsausdruck hinter einem weichen Dreitagebart. Sein Anliegen ist schnell durchschaut: Er möchte, dass wir ins Gespräch kommen. Auf den sechs Quadratmetern Linoleum, die Europa und Asien in unserem Klassenzimmer voneinander trennen, baut sich Önder auf, breitet die Arme aus, als imitiere er die Atatürk-Brücke über dem Bosporus, und fordert auf der einen Seite mit einer lässigen Bewegung aus dem Handgelenk einen der Asiaten auf, mit der Europäerin, in deren Richtung die andere Hand weist, ein Gespräch zu beginnen.

Doch ich verstehe nicht, was der Chinese sagt. Hui, die freundliche Chinesin, übersetzt für mich ins Englische. Aber ich verstehe auch sie nicht. Genauso wenig wie das, was Önder zu mir sagt. Es ist, als wären alle türkischen Vokabeln, die ich je versucht habe, in mein Sprachzentrum zu schicken, mit ihren Häkchen unter den C und S auf halbem Wege in den Windungen meines Hirns hängen geblieben. Nur die vielen Punkte über den Ös und Üs waren weitergekommen und in meinem Kopf zu einer großen, unbestimmten Masse verklumpt, aus der kein Wort mehr zu identifizieren ist. Ich schaue Önder hilflos an. Der murmelt etwas von „private lesson" und lässt mich erst mal in Ruhe. Ich bin ihm dankbar und steige erst wieder ein, als er etwas erklärt, was auch für die anderen neu ist und mich ebenso wie den Rest der Klasse überfordert.

„Jetzt wäre ein Kaffee nicht schlecht, oder?", fragt mich Helena, als der Unterricht zu Ende ist, und ich nicke erschöpft.

Wir laufen zur Istiklal Caddesi, einst „Grand Rue de Pera", der großen Einkaufsstraße mitten in Istanbul mit ihren herrlichen Jugendstilhäusern aus der Zeit, als im heutigen Beyoğlu noch die Europäer residierten. Derartig voll ist es hier, dass man meinen könnte, die Istanbuler würden den jetzigen Namen der Straße – Freiheit! – täglich als Aufruf zum Protest missverstehen. So viele Menschen auf einmal sah ich zum letzten Mal bei den Montagsdemonstrationen in Leipzig im Jahr 1989. Da ging es auch um die Freiheit. Doch es ist etwas anderes, das die Massen auf diese Straße zieht. Nein, nicht die Vielfalt an schicken Boutiquen und Geschäften. Wer shoppen will, kann das in den großen, neuen Einkaufszentren, wo er nicht wie hier zwei Kilometer laufen muss, bis er alle Läden gesehen hat, viel bequemer. Was die Menschen hierher treibt, ist vielmehr das tiefe Bedürfnis, einfach mal eine halbe Stunde geradeaus zu spazieren, ohne ständig Gefahr zu laufen, überfahren zu werden. Autos sind auf der Istiklal nämlich seit 1990 verboten. Nur die kleine historische

Straßenbahn mit ihren zwei Wägelchen darf hier verkehren. Aber gegenüber der Masse spazierender Istanbuler hat sie eindeutig das Nachsehen. Da kann sie noch so laut bimmeln. Und so steckt die kleine Bahn oft fest im Gewühl – hilflos wie ein Kleinwagen, der über Land in eine Schafsherde geraten ist.

Plötzlich frohlockt Helena: „Ich habe eine bessere Idee! Was wir jetzt brauchen, ist Profiterol!"

„Profit- was?", frage ich, immer aufgeschlossen, wenn es darum geht, die Geldbörse aufzubessern.

„Profiterol!", wiederholt Helena fröhlich, „das beste Antidepressivum, das du in Istanbul finden kannst."

Ich folge ihr in einen kleinen schlauchartigen Laden, in dem seit dem Jugendstil nicht allzu viel passiert ist und der ein wenig an eine französische Brassserie erinnert. „Inci" steht über dem Eingang. Das heißt „Perle". Doch mit filigranen, kleinen Kügelchen hat das, was hier ausgeteilt wird, nichts zu tun. Riesige schwarz glänzende Berge formieren sich hinter Glas, von einer dicken Schokoglasur bedeckt wie Gletscher von ihrer Schneeschicht, nur ab und an blitzt in einer Lücke ein weißes Innenleben hervor – ein kleines Bergmassiv im Negativ.

Am Tresen machen sich zwei Herren mittleren Alters daran, die Berge abzutragen. Mit einem großen Löffel schaufeln sie die Portionen auf Untertassen und begießen sie erneut mit schwarzer Schokosoße. Ein Tellerchen neben das andere stellen sie auf den Tresen. Wer reinkommt, nimmt sich einfach eins, setzt sich, so er einen Platz findet, an einen Tisch, verzehrt das Dessert und zahlt danach an der Kasse.

Wir haben Glück, einer der wenigen Tische wird gerade frei. „Und?", fragt Helena mit vollem Mund, nachdem ich mir den ersten Happen einverleibt habe. „Ist es nicht göttlich?" Es ist vor allem süß. Unter der Schokosoße verbirgt sich ein weicher Biskuitteig, der mit Vanillepudding gefüllt ist. Vollmundig strahle ich die Männer hinter dem Tresen an, die dies – und das erlebe ich in der Türkei zum ersten Mal – mit einer gleichgültigen Miene quittieren. Sie sind es offenbar gewohnt, vom anderen Geschlecht schamlos angelächelt zu werden. Es ist das Lächeln, das Frauen Männern schenken, die sie gerade sehr glücklich gemacht haben.

„Hier gibt es das beste Profiterol der Stadt", fährt Helena fort, „wenn du es irgendwo anders auf der Speisekarte siehst, solltest du es auf keinen Fall bestellen. Es wäre nur eine Enttäuschung."

Nachdem wir unser Profiterol bezahlt haben, treten wir auf die Straße, um uns nur wenige Meter weiter in einer Seitengasse der Istiklal auf niedrigen Holzhockern niederzulassen und einen türkischen Kaffee zu bestellen. „Nun sag mir, was du hier in Istanbul machst", bittet mich Helena, als der Mokka vor uns steht. „Eine Hellseherin bist du jedenfalls nicht."

Also erzähle ich ihr von Frau Ö. und dem Buch, an dem wir zusammen arbeiten, seitdem mein Flugticket verfallen ist. Ich erzähle ihr, wie Frau Ö. während meines zweiten Besuchs zwischen alten Bildern und Briefen in ihre Erinnerungen abtauchte wie in eine andere Welt und die Vorbehalte mir und meinem Auftrag gegenüber dabei sehr bald vergaß.

Es war eine dieser Kriegsgeschichten von Vertreibung und Verlust, die Frau Ö. an diesem Tag erzählte. Gegen Ende des Zweiten Weltkriegs musste ihre Mutter mit den vier Kindern aus dem heutigen Polen fliehen. Sie sind in

Oberbayern gelandet, aber dort nie angekommen. Die Heimat war woanders. „Haymatlos" sagt man im Türkischen, hatte Frau Ö. mir erklärt.[5] Und da sie keine Heimat aufgeben musste, als der Istanbuler sie bat, mit ihm zu kommen, fiel es ihr nicht schwer, Deutschland hinter sich zu lassen.

Helena hatte aufmerksam zugehört. „Du konservierst also Erinnerungen. Aber Erinnerungen sind trügerisch, sie verändern sich, verblassen oder verschwinden. An manches erinnert man sich gern, an vieles am liebsten gar nicht." Sie zeigt mit der Hand in Richtung des Geschäfts auf der anderen Straßenseite, in dem man alte Postkarten von Istanbul kaufen kann – neu aufgelegt und frisch aus dem Druck.

„An das Istanbul der vierziger, fünfziger Jahre erinnert man sich zum Beispiel sehr gern", fährt Helena fort, bevor ich näher auf meine Arbeitsmethode eingehen kann, „damals, als die Stadt noch nicht mal eine Million Einwohner hatte, die Menschen sich fein machten, bevor sie auf die Straße gingen, die Leute freundlich, tolerant und weltoffen waren. Kaum ein Istanbuler, den nicht diese Melancholie, diese Sehnsucht nach dem einstigen Istanbul umtreibt. Sogar junge Leute finden es schick, sich alte Bilder von Istanbul an die Wand zu hängen."

Helena macht eine bedeutungsschwere Pause. Dann sagt sie: „Aber was im September 1955 passiert ist, daran erinnert man sich hier natürlich nicht so gern."

Sie meint die Ereignisse in der Nacht vom 6. auf den 7. September. Damals zog der Mob durch die Straßen Beyoğlus, schmiss die Fensterscheiben griechischer Geschäfte ein, plünderte die Läden und Wohnungen, steckte Häuser und Autos in Brand, vergewaltigte und mordete. Der Anlass für das Pogrom war, wie so oft in der Geschichte, ein fingierter Anschlag. Griechen sollen Atatürks Geburtshaus in Thessaloniki in Brand gesteckt haben, wie die Zeitungen kurz darauf nicht schnell genug vermelden konnten. Heute weiß man, dass es der türkische Geheimdienst war, der den Brandsatz zündete.

„Die Erinnerungen an diese Ereignisse verschwanden aus dem kollektiven Gedächtnis wie die letzten Griechen aus dem Stadtbild", stellt Helena fest und fragt mich dann, ob ich wüsste, warum es damals überhaupt noch Griechen in Istanbul gegeben hat. Schließlich mussten schon Anfang der zwanziger Jahre – im Zuge des Bevölkerungsaustauschs – rund zwei Millionen Griechen die Türkei verlassen wie umgekehrt eine Million Türken Griechenland.

Bevölkerungsaustausch – das Wort schwirrt in meinem Kopf herum. Als ob man eine Bevölkerung einfach austauschen könnte. Als ob es Heimat im Plural gäbe. Haymatlos, man hätte auch eine entsprechende Vokabel aus dem Griechischen entlehnen können. Ich zucke die Achseln.

„Weil die Stadt ohne uns Ausländer völlig aufgeschmissen gewesen wäre! Für die Griechen hier in Istanbul gab es daher eine Sonderregelung. Die durften bleiben." Zumindest bis zu jenen besagten Ereignissen. Heute leben noch etwa zweitausend Griechen in Istanbul. Bei einer geschätzten Einwohnerzahl von fast zwanzig Millionen also nicht mehr als 0,01 Prozent.

„Lust auf eine Stadtführung durch Konstantinopel?", fragt Helena plötzlich, wobei sie „Konstantinopel"[6] mit dem verschwörerischen Unterton ausspricht, mit dem sie schon eine Stunde zuvor „Profiterol" ins Spiel brachte. Meine Reaktion ist ähnlich neugierig. Also los.

Wir laufen in eine Seitenstraße der Istiklal. „Schau, alles griechische Häuser", flüstert sie neben mir. Ich bleibe vor einem Hauseingang stehen und versuche herauszufinden, woran sie das erkennt. Das Gebäude hat weder eine weiße Fassade noch blaue Fensterrahmen – die einzigen Kriterien, an denen ich ein griechisches Haus auf Anhieb erkennen würde. Doch Helena zieht mich weiter.

„Woran erkennst du das?", möchte ich wissen. „Später", zischt sie, „ich erkläre es dir später."

Im Stechschritt laufen wir durch das Viertel, wobei Helena ab und an unauffällig auf das eine oder andere Haus zeigt, konspirativ sagt: „Da kannst du es wieder ganz gut erkennen", und mich im selben Atemzug ermahnt, ich solle nicht so auffällig hingucken. Ich fühle mich wie ein kleiner Junge, der zum ersten Mal mit seinem Vater durch ein Rotlichtviertel läuft und gesagt bekommt, er solle die Prostituierten nicht so anstarren. Nur verstehe ich die Aufregung hier nicht: Es sind doch nur Häuser.

Erst als wir wieder auf der Istiklal sind, in der trügerischen Sicherheit der Masse, erklärt mir meine griechische Begleiterin, woran sie die Häuser ihrer Landsleute erkennt: Es ist das Muster über dem Türrahmen, das man von den Kapitellen griechischer Tempelbauten kennt. Zur Ehrenrettung meiner humanistischen Bildung behaupte ich, dass ich dies mit schätzungsweise drei Sekunden mehr Zeit pro Haus bestimmt auch bemerkt hätte. Warum sie es so eilig gehabt hat, möchte ich wissen.

„In manchen Ecken dieser Stadt will ich lieber nicht als Griechin erkannt werden." Sie schaut mich mit ernster Miene an: „Du weißt doch, in der Türkei werden immer noch Christen ermordet."

Ich weiß. Erst letzten Monat wurden in Anatolien zwei

Mitarbeiter eines christlichen Verlages erstochen. Die Kollegen aus meiner Berliner Bürogemeinschaft haben mir die Nachricht per E-Mail geschickt und dazu geschrieben, ich solle doch so schnell wie möglich zurück nach Deutschland kommen. Im Anhang fand ich dann noch eine kleine Chronologie der letzten Bombenattentate der PKK in Istanbul, eine Studie über die Wahrscheinlichkeit eines erneuten Erdbebens in Istanbul – demnach stehen die Chancen fifty-fifty, dass es in den nächsten fünfzig Jahren bebt – sowie eine Liste mit den billigsten Flügen von Istanbul nach Berlin. Ich bedankte mich für die rührende Fürsorge mit einer Mail, der ich diverse Bilder anhängte: Blick über Istanbul von der Panoramabar, Schnappschuss aus dem Nachtclub, in dem ich mit Gizem an manchem Wochenende bis zum Morgengrauen tanze, und ein Porträt von meinem Lieblingsfischverkäufer auf dem Markt in Kadıköy, auf dem er einen besonders dicken Fang hochhält. Dazu schrieb ich „No risk, no fun" und dass sie es bitte genauso sehen und mich alle so schnell wie möglich in Istanbul besuchen kommen sollten, die billigsten Flüge wüssten sie ja bereits.

Helena ist wieder in eine Seitenstraße eingebogen. Vor einem Gebäude, das ich aufgrund seines säulenverzierten Portals auch dann als griechisch erkannt hätte, wenn wir im Sprint daran vorbeigerannt wären, bleiben wir stehen. Das heißt: Ich stehe. Helena bückt sich – und tut so, als würde sie sich den Schuh zubinden. Währenddessen murmelt sie vor sich hin: „Hier siehst du ein griechisches Gymnasium. Es wurde Ende des 19. Jahrhunderts gebaut, weil die anderen beiden griechischen Gymnasien Istanbuls nicht mehr ausreichten. Heute steht die Schule vor der Schließung. Es gibt kaum noch Schüler."

Helena bindet sich den Schuh jetzt ein zweites Mal zu. „Übrigens haben die Türken hier im Jahr 1999 eine Bombe reingeworfen", ergänzt sie, zieht die Schleife energisch fest und schreitet kurz darauf schnell davon. Auch ich beschleunige meinen Schritt.

Als wir wenig später in der Straßenbahn sitzen und die Brücke über das Goldene Horn in Richtung historischer Altstadt passieren, ahne ich, wo Helena jetzt hin will. Natürlich, zur Hagia Sophia, der Mutter aller griechisch-orthodoxen Kirchen. Gebaut im 5. Jahrhundert nach Christus war sie fast tausend Jahre lang die Hauptkirche der Christenheit und – bis der Petersdom in Rom ihr im 16. Jahrhundert Konkurrenz machte – der prachtvollste Kirchenbau überhaupt. Als die Osmanen im 14. Jahrhundert Istanbul einnahmen, verwandelten sie die Kirche in eine Moschee – nicht ohne ihr jedoch vier robuste Minarette an die Seiten zu stellen. So ergänzt, wurde sie zum architektonischen Vorbild für sämtliche größere Gebetsstätten Istanbuls, weshalb etwa die Blaue Moschee und die Süleymaniye Moschee aussehen wie die jüngeren Schwestern der großen Hagia Sophia. Unter Atatürk wurde aus der Moschee ein Museum. Die von den Osmanen übermalten Mosaike kamen wieder ans Licht. Und so findet man in dem Gebäude nun christliche wie islamische Symbole und Zeichen in friedlicher und hoffnungsvoller Koexistenz.

Doch Helena will gar nicht nach Sultanahmet[7] zur Hagia Sophia. Hinter der Brücke steigen wir in einen Bus und an der dritten oder vierten Haltestelle wieder aus. Zumindest lag ich insofern richtig, als dass es eine Kirche ist, vor der wir wenig später stehen. Wenngleich ich sie auf den ersten Blick nicht als solche erkenne. Ein Kirchturm ist nicht zu sehen, stattdessen erinnert mich das relativ flache Gebäude mit seinen aneinandergereihten Glastüren im Eingangsbereich an eine Orangerie europäischer Barockschlösser.

„Hier stehen wir vor der Kirche von Bartholomäus I., Erzbischof von Konstantinopel, dem Neuen Rom, besser bekannt unter seinem Titel ‚Ökumenischer Patriarch‘. Er ist das spirituelle Oberhaupt von weltweit 330 Millionen Christen und der 270. Nachfolger von Apostel Andreas, der sich hier vor vielen Jahren als Bischof niedergelassen hat." Meine Stadtführerin ist ganz in ihrem Element und redet auf einmal so laut, als würde sie ohne Mikrophon eine Großveranstaltung moderieren. „Doch für den türkischen Staat ist er nichts weiter als der Bischof der Gemeinde in Fener, also dem Stadtbezirk, in dem wir uns gerade befinden."

Wir gehen in die Kirche hinein, die nicht viel geräumiger ist als eine gewöhnliche Dorfkapelle in meiner Heimat, aber mangelnde Größe durch innere Werte wettmacht. Es glitzert und funkelt wie bei den Goldschmieden auf dem Großen Basar. Helena zeigt auf eine Säule, an der einst Jesus gegeißelt wurde, und zündet eine Kerze an. Dann stehen wir vor dem Thron des Patriarchen. „Aus dem 5. Jahrhundert", flüstert meine Begleiterin. „Früher war die Kirche des Patriarchen natürlich die Hagia Sophia. Aber als die Osmanen kamen, musste er da raus. Hier in diesem Haus ist er seit dem 17. Jahrhundert."

„Wie sind die Osmanen eigentlich mit den Christen umgegangen, nachdem sie Konstantinopel erobert hatten?", möchte ich wissen. „Gab es Vertreibungen wie ein halbes Jahrtausend später durch die Türken?"

„Die Osmanen waren, wenn man so will, toleranter als

die Türken heute. Im Osmanischen Reich hatten die Christen verbindliche Rechte, sie wurden toleriert. Erst in der Zeit nach Atatürk verschlechterte sich die Lage drastisch. Laut Regierungsdekret von 1974 sind Minderheiten wie wir Christen nämlich eine Gefahr für die nationale Sicherheit. Deshalb dürfen seitdem keine Priester mehr in Istanbul ausgebildet werden."

„Das heißt, die Priester sterben aus?"

„So ist es."

Ich werfe einen letzten Blick auf den verwaisten Thron. Dann gehen wir am Ufer des Goldenen Horns entlang zurück in die Stadt. Auf dem Wasserweg überholen uns die Fähren. Sie erinnern ein wenig an Mississippi-Dampfer – nur dass man ihnen das Schaufelrad geklaut und die Schornsteine gestutzt hat.

„Warum bist du eigentlich hier, in Istanbul?", frage ich Helena. „Du könntest doch überall studieren. Warum ausgerechnet in Istanbul?"

Die Antwort kommt prompt: „Ich wollte eigentlich nach New York. Doch ein Studium dort kann sich meine Familie nicht leisten. Aber Istanbul", sie breitet die Arme aus und legt den Kopf in den Nacken, als würde sie eine große, dicke Tante umarmen wollen, die sie sehr gern hat, „Istanbul ist doch wie New York. Mit dem Vorteil, dass es nicht so weit weg ist von zu Hause. Hier ist ständig alles in Bewegung. Die Stadt schläft nicht. Es gibt coole Clubs wie in Greenwich Village, ein paar Wolkenkratzer wie an der Wall Street, reichlich Slums wie in der Bronx. Die Taxis sind so gelb wie die in New York. Und schau", sie bleibt vor einem der kleinen rot-goldenen Wägelchen stehen, die immer aussehen, als wären sie von einem Jahrmarkt der vorletzten Jahrhundertwende übrig geblieben, und lässt sich einen Sesamkringel geben, „es gibt sogar ein Gebäck mit Loch in der Mitte. Nur dass es hier Simit heißt, nicht Bagel."

Ich möchte einwenden, dass es im Unterschied zu New York aber keine international zusammengewürfelte Bevölkerung gibt, die doch dessen großen Reiz ausmacht. Kein Chinatown, kein Little Italy. Ein Klein-Konstantinopel – schier undenkbar. Stattdessen hat man alles Fremdländische beizeiten aus dem Stadtbild getilgt. Ich kann die Tage zählen, an denen mir in Istanbul mal ein Mensch mit schwarzer Hautfarbe über den Weg gelaufen ist. Doch Helena schiebt mir einen Sesamkringel in den Mund, so dass ich ohnehin nichts mehr sagen kann. Lustlos kaue ich auf der trockenen Hefeteigmasse herum. Bagel sind mir lieber.

„Oh", stellt Helena lapidar fest, „ein Anti-Simit."

Es ist dunkel geworden, als ich in meiner Straße angekommen bin. Daher sehe ich das kleine Häufchen Elend, das vor meiner Haustür liegt, nicht sofort. Erst nachdem ich das Licht im Flur angeknipst habe und die Post aufhebe, die wie jeden Tag auf dem Boden liegt, weil es sich offensichtlich noch nicht bis in diesen Zipfel der Zivilisation herumgesprochen hat, dass dafür einst Briefkästen erfunden wurden, sehe ich den kleinen Kater auf dem Absatz. Er ist verletzt, sein Fell blutig, das Miauen leise und jämmerlich.

Ich laufe nach oben, hole ein Laken, wickele das Tier ein und renne mit dem Päckchen im Arm durch die Straßen. Mir war vor ein paar Tagen ein Schaufenster aufgefallen, in dem sich Katzen um einen Fressnapf drängelten. Eine Tierhandlung konnte das nicht sein – wer kauft sich schon eine Katze in Istanbul, wo sich doch jeder, der eine braucht, einfach auf der Straße eine aussucht? Es musste sich um die Praxis eines Tierarztes gehandelt haben. Ich laufe um ein paar Ecken, dann habe ich das Schaufenster gefunden. Es ist tatsächlich ein Tierarzt – „Veteriner" steht über dem Eingang –, und zu meinem Glück hat er noch nicht Feierabend. Zwei ältere Herren sitzen hinter einem Schreibtisch und schauen auf einen Fernseher. Es läuft Fußball. Dennoch blicken sie auf, als ich das Bündel mit dem Kater auf den Schreibtisch lege. Der eine, der zu meinem Erschrecken ein bisschen wie der Fleischer in meiner Straße aussieht, lüftet das Tuch, sagt so etwas wie „Na, wen haben wir denn da?" und verschwindet mit dem eingewickelten Kater im Nebenraum.

Als er ihn dort auf dem Behandlungstisch auspackt, sehe ich die Misere: Das Ohr ist kaputt, die obere Spitze geknickt wie ein Eselsohr in einem Buch. Der Arzt fragt mich etwas, was ich mal wieder nicht verstehe. Ich stelle mögliche Diagnosen auf, von „alles halb so wild" bis „nichts zu machen, ich muss den Patienten leider einschläfern", und versuche anhand der Mimik des Arztes herauszubekommen, wie schlimm es um das Tier wohl bestellt ist. Der Mann schaut konzentriert, aber nicht todernst, demnach ist der Kater wohl noch zu retten. Dessen Ohr jedoch, wie sich jetzt herausstellte, nicht. Der Tierarzt hat die umgeknickte Spitze kurzerhand abgetrennt und die Wunde mit einer Tinktur behandelt. Dann verpasst er seinem Patienten eine weiße Halskrause, womit der aussieht, als wäre er beim Sprung vom Schrank in einem Lampenschirm gelandet und seitdem nicht mehr aus ihm rausgekommen.

„Wie heißt denn dein Kater?", fragt der Tierarzt. Bis zu diesem Moment wusste ich noch gar nicht, dass ich einen

Kater habe. Aber dann erinnere ich mich an einen Satz, den der Makler noch zu mir sagte, kurz bevor er mich in meiner neuen Wohnung allein ließ: „Einen Rat habe ich noch: Schaffen Sie sich eine Katze an." Warum eigentlich nicht? Ich schaue meinen neuen Mitbewohner an, der trotz halbem Ohr und Halskrause wieder ganz zufrieden aussieht. Dann fällt mir Gizems Vortrag über türkische Namen ein und ich denke nach. „Ein Ohr" heißt *bir kulak*. Birkulak, das Einohr? Klingt ein bisschen wie ein Schweizer Hustenbonbon. Ich krame weiter in meinem mageren Fundus an Vokabeln. Dann habe ich es. „Yoldan," sage ich. „Von der Straße", müsste das heißen, wenn ich im Unterricht richtig aufgepasst habe.

„Yoldan?" Der Tierarzt lacht. Wahrscheinlich hat er noch nie so einen dämlichen Namen gehört. „Tamam", sagt er dann und legt mir den nun schlafenden Kater in die Arme. Ich muss an den Muezzin denken und an die schlaflose Nacht, die vor mir liegt, und hätte auch sehr gern, was der Kater bekam. Doch ich werde anders beschenkt: Der Veterinär packt ein bisschen Katzenstreu und Futter in eine Plastiktüte – an beides hatte ich natürlich überhaupt nicht gedacht – und schiebt mich Richtung Ausgang. Vermutlich geht das Fußballspiel jetzt in die entscheidende Endphase.

Zu Hause angekommen, setze ich Yoldan auf das Parkett, fülle die Katzenstreu in einen Schuhkarton und das Futter in eine Müslischale. Der Kater erkundet schläfrig das Terrain, bewegt sich langsam vorwärts – mit dem Kopf ausladend nickend, wie einer dieser Wackeldackel, die man sich in den Siebzigern auf die Hutablage klebte. Ich muss wieder an dieses eine Wort denken – *haymatlos*. „Du hast zwar ein Ohr verloren", sage ich zu Yoldan, „aber eine

Heimat gefunden." Es ist mein erstes Zwiegespräch mit einem Haustier, und das befremdliche Gefühl, das nun aufkommt, war letztens auch dabei, als der Zahnarzt sagte, dass er den Backenzahn jetzt nicht mehr retten kann. Plötzlich fühle ich mich ganz schön alt und verlassen.

Anmerkungen zum Mai

[1] So will es die Tradition. Erst dann darf der Muezzin die Gläubigen – und leider auch die Nichtgläubigen – wecken.

[2] So ein Gedanke kann einem natürlich nur nachts kommen, wenn das Hirn noch halb schläft. Wach weiß ich, dass kein Muezzin mehr auf das Minarett klettert. Dort oben hängt inzwischen ein Lautsprecher. Im besten Fall steht der Muezzin unten am Turm, mit dem Mikro in der Hand. Im schlimmsten Fall kommt sein Gesang vom Band. Und auch die Gebetszeiten werden nicht mehr mit schwarzem und weißem Faden ermittelt. Das Amt für Religionsangelegenheiten hat sie von seinen eigenen Astronomen allesamt für jeden einzelnen Tag penibel errechnen lassen.

[3] *Pardon* ist tatsächlich türkisch! Vor allem im 19. Jahrhundert kamen viele Lehnwörter aus dem Französischen ins Türkische. Nur aus dem Arabischen werden mehr Lehnwörter gezählt. Dabei gehen die Türken mit den geborgten Wörtern übrigens alles andere als zimperlich um. So schreibt man *Kuaför* statt Coiffeur, *Asansör* statt Ascenseur, *Kuzen* statt Cousin oder – besonders reizend – *Sürpriz* statt Surprise!

[4] Nun gut, böse Zungen behaupten, Internetauktionshäuser hätten in der Türkei deswegen keine Chance, weil hier der eine dem anderen keinen Zentimeter über den Weg traut – was einem auf Vorkasse beruhenden System natürlich die Basis entzieht. Ich bin noch nicht lange genug in der Türkei, um dies in irgendeiner Weise kommentieren zu können.

[5] Es ist eins der wenigen Lehnwörter aus dem Deutschen. Andere wären zum Beispiel *Aysberg, bitter, Graben, Hinterlant, Otoban* oder *Panzer*. Schön auch *Şıpıdak* (für: Schiebedach) und *Şlempe* (für, äh: Schlampe).

[6] Konstantinopel hieß Istanbul ab dem Jahr 326, davor: Byzanz. Erst 1930 bekam die Stadt offiziell ihren heutigen Namen. Aller-

dings war er auch davor schon – seit der Eroberung durch die Osmanen im 15. Jahrhundert – in Gebrauch.

7 So heißt der historische Teil der Stadt, in dem sich die Hagia Sophia, der Topkapı-Palast, die Blaue Moschee, der Basar und das Hippodrom befinden. Hier ist jeder Zweite ein Tourist, jeder Dritte ein Teppichverkäufer. Sultanahmet ist aber auch die türkische Bezeichnung für die Blaue Moschee, benannt nach dem gleichnamigen Sultan Ahmet.

Juni
– Komm, wir spielen Harem! –

„Wenn du wüsstest, wie das Feuer der Trennung
in meinem Herzen brennt und zehrt und wie
meine Liebe zu dir, ohne den Tag und die Nacht
wahrzunehmen, hilflos dem Ertrinken nahe im
Meer der Sehnsucht treibt ..."

(DIE HAREMSDAME ROXELANE AN SULTAN SÜLEYMAN)

GIZEM STARRT MICH AN, die Augen weit aufgerissen, so dass der Rand ihrer Kontaktlinsen so klar zu sehen ist wie in manchen Nächten die Korona um den Mond. Sie kann nicht glauben, was ich ihr gerade gesagt habe. Dabei hatte ich nur beiläufig erwähnt, dass der Makler mir geraten hatte, eine Katze anzuschaffen.

„Weißt du, was das bedeutet?"

Ich zucke mit den Achseln. Vielleicht hat sich ja inzwischen herumgesprochen, dass ich angeblich als Hellseherin mein Geld verdiene. Und haben die nicht gewöhnlich eine Katze auf dem Buckel? Ich liege völlig daneben.

„Das heißt, dass du höchstwahrscheinlich Kakerlaken in der Wohnung hast, meine Liebe. Man legt sich hier Katzen zu, damit die sie jagen."

Ich schlucke. An Kakerlaken hatte ich überhaupt noch nicht gedacht. Jetzt, im Nachhinein, wundere ich mich über mich selbst, inspiziere ich doch sonst jedes Hotelzimmer zuallererst nach verdächtigen Löchern und Spuren, egal ob im Schwarzwald oder in New York, egal ob im Hostel oder im 5-Sterne-Hotel. Doch jetzt erst fällt es mir wie Schuppen von den Augen. Wird die Kakerlake nicht auch „orientalische Schabe" genannt? Und habe ich nicht letztens erst des Nachts sogar eine auf der Straße gesehen – tiefschwarz und rattengroß? Ein Schauer läuft mir über den Rücken.

Gizem stürzt den letzten Schluck Tee hinunter. Es ist der erste Tee, den ich wie eine echte Türkin in der typischen Doppelkanne gebraut habe, und der gar nicht so schlecht gelang, als dass man ihn jetzt einfach so hinunterstürzen müsste. Aber Gizem hat es plötzlich eilig. Die Vorstellung, dass gleich ein Heer von Kakerlaken durch das Zimmer marschieren könnte, hat ihr den Rest gegeben. Zuvor war sie naserümpfend durch meine Wohnung gelaufen, hatte sich über locker an die Wand genagelte Kabel mokiert, über Farbflecken auf den Fliesen und undichte Fenster – so dass ich mich schon fragte, wer von uns beiden eigentlich die pingelige Deutsche, wer die Provisorienerprobte Türkin ist – und sich dann doch zu einem Lächeln durchgerungen. Schließlich ist sie der erste Gast in meiner neuen Wohnung. Ich möchte hören, dass sie ihr gefällt, dass ich eine gute Wahl getroffen habe und mich ganz bestimmt wohl fühlen werde in meinem Heim. Natürlich war es mutig von mir, ausgerechnet von Gizem so etwas wie Bestätigung zu erwarten. Verhält sich doch ihr 2000-Dollar-Apartment im Nobelviertel Erenköy zu meiner Wohnung in Kadıköys Altstadt in etwa so wie Schloss Bellevue zu einem Plattenbau in Marzahn. Eher hätte ich Helena aus ihrer schmuddeligen WG am Galataturm anrücken lassen sollen. Die bekommt schon angesichts trockener Wände ohne Schimmelpilz und Bröckelputz feuchte Augen vor Glück.

Nun also muss Gizem ganz schnell weg. Sie schnappt ihr Handtäschchen, drückt mir die üblichen zwei Küsschen auf die Wange, murmelt etwas von „Salman, du weißt", und verschwindet im Treppenhaus, allerdings nicht ohne sich noch einmal auf dem Absatz umzudrehen und zu rufen: „Aber vergiss nicht, Samstag! Du kommst doch?"

„Aber natürlich!", rufe ich ihr hinterher und schließe die Tür, nicht sicher, ob Gizem meine Antwort noch gehört hat, so schnell, wie sie weg war.

Ich tätschle dem verwirrten Yoldan den Kopf, sage: „Du schaffst das schon!", und setze mich mit meinen Lehrbüchern an den Tisch. Die türkische Grammatik soll mich die nächsten Stunden beschäftigen, und keine Gedanken an eklige Krabbeltiere. Doch zuvor schlage ich im Wörterbuch nach, was Kakerlake auf Türkisch heißt. Schließlich sollte man den Feind beim Namen nennen können. „Karafatma" finde ich. Klingt das nicht wie eine Kampfansage? Na dann.

Drei Stunden lang übe ich, türkische Sätze zu bilden. Sie folgen einer Syntax, an die ich mich erst gewöhnen muss. Als das Telefon klingelt, glaube ich, es endlich draufzuhaben. Es ist Tom.

„Wie ist dein Tag?"

„Neue Wohnung in ersten Besuch empfangen habe ich. Und viel lerne ich. Katzen Kakerlaken fressen dass lerne ich. Und türkische Grammatik lerne ich."

„Und das geht nur unter dem automatischen Verlust der deutschen Sprache?"

„Du was meinen?"

„O Gott. Es wird Zeit, dass ich dich endlich besuchen komme."

„Allah allah!"

Nur fünf Tage später am Flughafen Atatürk, International Arrivals. Jeder, der hier landet, muss durch dieselbe Tür. Darüber hängt eine gewaltige Tafel, auf der alle erwarteten Flüge samt Flugnummer und Status – *gelandet, verspätet, ausgefallen* – angeschlagen sind. Davor wartet eine drängelnde Menge, ungeduldig die Hälse reckend, sobald die Tür aufgeht, nur durch eine meterlange Metallabsperrung davon abgehalten, den Ankommenden entgegenzurennen. An Groupies am roten Teppich erinnert die Szenerie, nur darf man hier die so sehnsüchtig Erwarteten mit nach Hause nehmen.

Mitten in der Meute stehe ich, fixiere abwechselnd Tür und Tafel und werde immer ungeduldiger. Nur noch wenige Minuten trennen mich von dem Wiedersehen mit Tom. Ich versuche mir vorzustellen, wie es ist, wenn er gleich vor mir steht, mich anlächelt und in die Arme nimmt. Doch es gelingt mir nicht. Zwar habe ich ein Bild von ihm vor Augen. Aber es ist statisch wie die Fotografie auf meinem Schreibtisch. Das Lächeln scheint in das Gesicht gemeißelt, die kleinen Fältchen unter den Augen auftätowiert, das Grübchen eingedrückt wie bei einer Knetfigur. Über die Monate haben meine Erinnerungen an Tom an Lebendigkeit verloren.

Endlich blinkt es auf hinter Toms Flugnummer und mein Herz macht einen kleinen Sprung. Doch keine Landung wird angezeigt, sondern eine Verspätung. 35 Minuten! Als ob ich nicht schon lange genug wartete.

Um mich abzulenken versuche ich, die Ankommenden ihren Herkunftsländern zuzuordnen. Die Japaner machen es mir leicht. Doch die blassen Männer in den schlecht geschnittenen Anzügen – kommen sie nun aus Moskau oder Liverpool? Die Frauen mit den roten aufgetürmten Haaren – sind es Irinnen oder Finninnen, oder womöglich Spanierinnen im Henna-Fieber?

Die Passagiere aus Berlin sind hingegen schnell auszumachen. Man könnte nämlich auf den Gedanken kommen, ein Inlandflug habe sich versehentlich in den internationalen Bereich des Flughafens verirrt. So viele Kopftücher fliegen wohl in keiner anderen Maschine mit. Und so viele Koffer vermutlich auch nicht. Mannshoch türmt sich das Gepäck auf den Wagen, die den Wartenden entgegenrollen, die oft bis zum Schluss rätseln müssen, ob hinter dem Kofferberg tatsächlich Onkel Yusuf aus Kreuzberg oder Tante Ayse aus Wedding klemmen. Um mich herum ist alles in heller Aufregung. Da wird gebrüllt und gelacht, der lang Entbehrte an große Brüste gedrückt und an stattliche Bierbäuche. Nur Tom ist nicht zu sehen. Stattdessen tritt eine Enttäuschung nach der anderen durch die Tür.

Dann, endlich, ist es so weit. Tom erscheint hinter zwei türkischen Großfamilien. Zieht zwei Rollkoffer hinter sich her wie unwillige Zwillinge. Sieht mich, lächelt wie auf dem Foto, mit dem ich mich viel zu lange begnügen musste, läuft auf mich zu, umarmt mich – und die Zwillinge plumpsen unsanft auf den Rücken.

„Da bist du."

„Da bin ich."

Ich schaue ihn an, als sähe ich ihn zum ersten Mal. Studiere das Braun seiner Augen, den Schwung seiner Fältchen, die Tiefe der Grübchen. Ich streiche über seine unrasierten Wangen, berühre mit meinen Lippen seinen Mund und ziehe dabei seinen Geruch so tief ein, wie ich es mit der frischen Meeresluft tue an meinem ersten Ferientag am Strand.

„Ja, da bist du." Endlich.

Wir steigen in den Bus, der schon vor dem Flughafengebäude wartet und Tom auf den Gedanken bringt, dass wir sogleich zu einer organisierten Gruppenreise durch die Türkei starten, so freundlich, wie der Fahrer das Gepäck verstaut, so weich, wie die Sitze sind – und sogar ein Fernseher hängt vorn über dem Fahrer. Ich erkläre ihm, dass es der normale Shuttle-Bus ist, der zwischen dem Flughafen und dem Stadtzentrum verkehrt, und nehme seinen erstaunten Blick zum Anlass für einen kleinen Exkurs über den Personennahverkehr Istanbuls.

„Der ist nämlich viel weniger chaotisch, als man denkt. Und auch sehr viel überschaubarer", hebe ich an, froh, ein Thema gefunden zu haben, das mich für die nächsten Minuten davon ablenkt, dass da irgendetwas ist zwischen Tom und mir, etwas Fremdes, Unbekanntes, winzig zwar, aber dennoch beunruhigend. Die vertraute Nähe – sie will sich nicht einstellen. „Also: Es gibt genau eine Straßenbahnlinie und genau eine Metrolinie, daneben noch zwei unterirdische Seilbahnen, die aber jeweils nur zwischen zwei Stationen pendeln, und noch zwei kleine historische Straßenbahnen. Eine fährt die Haupt-Einkaufsstraße hoch, die andere macht eine Runde in Kadıköy, wo ich wohne, also auf der anderen Seite des Bosporus." Ich zeige rechts aus dem Fenster, wo nichts weiter zu sehen ist als das Meer und die vielen Frachter, die hier vor Anker liegen. Sie warten auf ihre Ladung – oder auf die Erlaubnis, den Bosporus zu durchqueren. Verloren schaukeln sie auf dem Wasser, wie vergessene Gummi-Enten in der Badewanne. Und auch ich schaukele gerade etwas verloren auf der Oberfläche.

„Und dann gibt es natürlich noch die Fähren", fahre ich unbeirrt fort, „auch deren Routen sind überschaubar. Und den Rest erledigen die Busse. Davon gibt es Unzählige. Und das Tollste –", jetzt lasse ich meinen Schlüsselbund vor Toms Augen pendeln, als wolle ich ihn hypnotisieren, und zeige auf meinen Anhänger, der ein wenig aussieht, als hätte jemand eine Knopfzelle, die normalerweise in eine Uhr gehört, in Plastik gegossen, „ist dieses kleine Ding. Akbil heißt er. Ein aufladbarer Chip. Du steckst ihn in das Drehkreuz bei den Fähren und der Straßenbahn oder in den Kasten vorn beim Busfahrer, und dann wird automatisch abgebucht, was die Fahrt kostet. Kein lästiges Anstehen nach Fahrkarten, kein ständiger Bedarf an Kleingeld, keine Fahrscheinkontrollen. Ohne meinen Akbil gehe ich gar nicht mehr aus dem Haus!"

Tom schaut mich so interessiert an, wie man eine Deutsche, die eine Lobeshymne auf den öffentlichen Personennahverkehr im Orient singt, wohl anschauen muss. Irgendwann unterbricht er mich, drückt meine Hand und sagt: „Keine Panik. Lass uns Zeit. Wir müssen uns erst wieder aneinander gewöhnen."

Ich halte den Mund und schmiege mich an ihn. Draußen auf der Promenade, einem schmalen Grünstreifen zwischen Meer und Schnellstraße, packen ein paar Familien ihr Picknick aus. Eine dicke, alte Frau döst in einer Hängematte zwischen zwei sehr dünnen Bäumen, die das hoffentlich noch eine Weile mitmachen.

„Was machen wir denn heute Abend?"

„Ich dachte, wir spielen ein bisschen Harem", antworte ich, und meine Stimme wird süß und weich wie Turkish Delight.

Tom lacht, als würde ich einen Scherz machen. „Dann lerne ich also gleich alle deine neuen Freundinnen kennen?"

Meine Stimme wird noch süßer und weicher. „Ich dachte, wir beide üben erst mal allein. Vielleicht können wir das mit den anderen dann später spielen. Du bist ja vier volle Tage da."

Jetzt wiederum schaut Tom mich an, als sähe er mich zum allerersten Mal.

Ich hätte nicht gedacht, was für intensive Gefühle der Anblick einer Dose Wiener Würstchen bei mir auslösen kann. „Tom, ich liebe dich!", rufe ich dem Mann zu, der etwas steif auf der Kante meines improvisierten Diwans sitzt, auf dessen Mitte der halbohrige Kater thront, den Fremden misstrauisch beäugt und ab und an die Krallen ausfährt, um sie in das Polster zu pressen. Dass er nicht das einzige Lebewesen in diesem Haus ist, das mit dem Mann in meiner Wohnung Probleme hat, ahne ich zu diesem Zeitpunkt noch nicht. Wie auch? Ich bin viel zu sehr damit beschäftigt, den Koffer zu inspizieren, den Tom für mich in Deutschland gepackt hat.

Meine Schuhe sind vollzählig mitgekommen. Ich lasse sie in einer Reihe paarweise antreten und freue mich an ihrem Anblick. Herrliche, große Schuhe, allesamt in stattlichen 41 – und damit eine Rarität auf dem Pflaster am Bosporus. Ich befehle ihnen, stark zu sein, sich nicht fertigmachen zu lassen vom Istanbuler Kopfstein, von schmierglatten Schiffsplanken der Fähren und vom Matsch in den Parks. Zäh müssen sie sein, durchhalten, im besten Fall ein ganzes Jahr lang.[1] Neue Schuhe dürfte ich in Istanbul nämlich kaum finden. Ab Schuhgröße 40 werden die hiesigen Regale leer.

Zwischen den Sandalen entdecke ich ein in Silberpapier eingeschlagenes Etwas, so groß wie eine Schuhsohle. Ich packe es aus – und wieder rufe ich eine entzückte Liebeserklärung Richtung Tom. Gebratene Schnitzel! Sogar an Senf hat Tom gedacht! Ich kann nicht widerstehen, genussvoll beiße ich in das kalte Schweinefleisch. Es ist das erste Schwein, das ich zwischen die Zähne bekomme, seit jenem Tag, an dem ich in Berlin die Maschine von Turkish Airlines bestieg. Damals dachte ich mir nicht viel dabei, als ich diesen unscheinbaren Zettel bei meinem Essen fand. Ich habe mich sogar amüsiert: Darauf war ein Schwein in einem Kreis durchgestrichen wie die Zigarette auf den gängigen Rauchen-verboten-Schildern. Ich hatte es zuerst nicht verstanden. Heißt es, man solle sich beim Essen nicht benehmen wie ein Schwein? Oder seine Haus- und Nutztiere nicht an Bord mitnehmen, wie es in anderen östlichen Ländern ja durchaus üblich ist? Aber ich musste nicht lange rätseln: Unter dem Schwein war zu lesen, dass die Passagiere sicher sein können, an Bord dieser Fluglinie auf keinen Fall Schweinefleisch serviert zu bekommen. Ich ahnte damals nicht, dass dies nach der Landung weiter uneingeschränkt gelten würde. Dass ich in einem Land leben würde, in dem „Winnieh, the Pooh" wegen des viel zu freundlichen Ferkels verboten ist. Und dass die Redewendung „Schwein gehabt" bald für mich eine völlig neue Dimension bekommen sollte.

Ich schiebe mir den letzten Bissen in den Mund, zerknülle das Silberpapier und werfe es dem Kater vor die Pfoten, der sogleich darauf anspringt. Er spitzt das übrig gebliebene Ohr, verpasst dem Ball mit der Kralle einen so ordentlichen Hieb, dass er einmal quer durch das Zimmer schießt – und saust mindestens genauso schnell hinterher. Hat er den Ball, wiederholt sich das Spiel. Hin und her jagt der Kater durch die Wohnung – und qualifiziert sich damit immer mehr zum natürlichen Kammerjäger, der es mit einem Insekt, das 1,5 Meter pro Sekunde zurücklegt, doch locker aufnehmen kann. Vielleicht, so denke ich, inzwischen schon ganz Oberfeldwebel in meinen vier Wänden, sollten wir ein bisschen härter trainieren.

„Wollten wir nicht Harem spielen?", fragt Tom, der es sich jetzt, da der Kater ihn nicht mehr in Schach hält, endlich bequem gemacht hat und auf dem Diwan wie ein Sultan posiert.

„Stimmt", pflichte ich ihm bei, immer noch Schnitzel kauend, laufe ins Schlafzimmer und komme mit einem Schuhkarton zurück.

„Was ist das?"

„Das Haremspiel", erkläre ich feierlich, falte eine große, bunte Pappe auseinander und packe Spielfiguren, Würfel und Kärtchen vor ihm aus.

„Ich verstehe nicht."

Also erkläre ich es ihm. In den letzten Wochen habe ich mich ein wenig mit der Geschichte und der Struktur des Harems befasst und festgestellt, dass sich dieses Thema bestens für ein Gesellschaftsspiel eignet. „Das hier", ich mache eine ausladende Armbewegung über mein Werk, „ist dabei herausgekommen."

Belustigt registriere ich, wie in Toms Gesicht die Enttäuschung versucht, einen interessierten Eindruck zu machen. Natürlich hatte er sich unser Haremspiel anders vorgestellt.

„Hier rechts siehst du den Selamlık", erkläre ich und tippe auf mein bunt beklebtes und bemaltes Spielfeld. „Das ist der Bereich eines traditionellen muslimischen Hauses, der den Männern vorbehalten ist, in diesem Fall dem Sultan und seinen Dienern. Hier empfing er seinen Besuch, hier traf er sich mit seinen Beamten, hier wurde die Politik gemacht. Und das hier links ist der Haremlik, der Bereich, in dem die Frauen wohnten. Der Harem also."

Ich gebe Tom eine Spielfigur, eine etwa zehn Zentimeter hohe Miniatur von Sultan Süleyman, die ich in einem Souvenirgeschäft gekauft habe. Es gab noch andere Herrscherfiguren aus Ton, aber Süleyman, der Prächtige,[2] kam meinem Bild von einem Sultan am nächsten: mit seinem prächtigen Mantel und ebenso prächtigen Bauch, seinem großen Turban und dem ernsten Blick.

„Ich schlage vor, du spielst den Sultan. Deine Aufgabe besteht dann darin, überhaupt erst einmal Sultan zu werden und schließlich so lange wie möglich zu regieren. Du musst dich also zunächst gegen deine Brüderschar durchsetzen, der du dich später übrigens, wenn du dann selbst Sultan bist, sogar entledigen kannst. Nach dem Brudermordgesetz war es nämlich lange Zeit im Osmanischen Reich erlaubt, dass der Thronfolger seine Brüder ins Jenseits beförderte, bevor sie das mit ihm tun konnten – um sich selbst dann an die Spitze zu setzen."

„Ist der Prinz Sultan", so fahre ich fort, „kommt er in den Palast und natürlich auch in den Harem." Ich zeige auf das Spielfeld, wo sich der Weg des Sultans mit denen der anderen Mitspieler, der Haremsdamen, immer wieder kreuzt. „Außerhalb des Harems muss er aufpassen, dass er nicht in der Schlacht fällt oder von Gegnern vergiftet wird. Passiert das, musst du mit deiner Figur wieder zurück auf null."

„Und im Harem bin ich sicher?"

„Das hast du dir so gedacht", ich mache ein verschwörerisches Gesicht. „Hier lauern ganz andere Gefahren. So kann der Sultan zum Beispiel dazu verführt werden, für immer im Harem zu bleiben und über das süße Leben dort seine Pflichten als Staatsmann völlig zu vergessen."[3] Tom macht nicht den Eindruck, als wäre er sich irgendeiner Gefahr bewusst. Genüsslich zieht er die Brauen hoch.

„Ich habe also Fallen eingebaut", sage ich und tippe auf einzelne Felder, in die ich ein riesengroßes Himmelbett gemalt habe. „Wenn du darauf landest, kommst du so schnell nicht mehr davon weg."

Tom hat die Spielfiguren für die Sklavinnen entdeckt, barbusige Feen mit mangagroßen Augen und mehr Haar auf dem Kopf als Stoff am Leib. Es war nicht so einfach gewesen, passende Spielfiguren für die Haremsdamen aufzutreiben. Zwar gab es in dem Souvenirladen, in dem ich Süleyman erstand, auch die passenden Sultansmütter. Aber die waren erst dann porträtiert worden, als ihr Sohn schon lange Sultan war, weshalb sie physisch eher mütterliche als verführerische Qualitäten aufwiesen. Meine Haremsdamen sollten ein bisschen mehr Sex-Appeal haben. Ich fand sie schließlich in einem dieser Läden, in denen unerlässlich Death-Metal aus den Boxen grölt und die Verkäufer hinter dem Tresen den Katalog aller 560 Tattoos, die man sich eine Etage tiefer in die Haut ritzen lassen kann, am eigenen Leib zur Schau tragen.

„Und welche Aufgaben warten auf diese netten Mädels?", fragt Tom.

Ich hole Luft: „Die klassische Haremsdame beginnt als Dschariye, als junge Leibeigene, die in den Harem kommt. Sie muss zunächst eine Lehrzeit durchlaufen, Osmanisch sowie die Regeln des Islam lernen. Sklavinnen waren nämlich meistens Christinnen oder Jüdinnen. Moslemische Frauen durften nicht versklavt werden." Ich zeige auf ein Feld mit Tintenfass. „Während dieser Lehrzeit gibt es verschiedene Möglichkeiten, die Karriere im Harem zu beschleunigen. Stellte man sich zum Beispiel in der Kalligraphie gut an, genoss man höhere Anerkennung. Wenn man also auf dieses Feld kommt, darf man drei Felder vor. Ähnlich ist es hier", ich zeige auf ein Feld mit einer Note. „Wer gut singen konnte, wurde sofort Gesellin, erreichte also die nächste Stufe. Danach konnte sie noch Meisterin werden und schließlich, aber das schaffen nur die wenigsten, Schatzmeisterin. Wer zur Zeremonienmeisterin ernannt wird, bekommt sogar eine eigene Wohnung im Harem."

„Und Gefahren gibt es keine für die Damen?"

„O doch!" Ich tippe auf ein Feld, in das ein Sack gezeichnet ist. „Sklavinnen, die unangenehm auffielen, wurden nämlich auch schon mal kurzerhand eingesackt und in den Bosporus geworfen." Manchmal geschah das auch ganz willkürlich. „Sultan Ibrahim", so erzähle ich, „hat einmal zweihundert seiner Haremsdamen in Säcken ins Wasser werfen lassen, weil er das Gerücht vernahm, eine seiner Sklavinnen wäre beim Liebesspiel mit einem Eunuchen erwischt worden."

„Mit einem Eunuchen?"

„Ja, was sollten die jungen Frauen auch machen? Den einzigen Mann, den sie hätten haben können, den Sultan, bekamen die wenigsten von ihnen überhaupt zu Gesicht, geschweige denn nackt. Manchmal lebten über tausend Frauen im Harem und der Sultan hatte vielleicht eine Handvoll Favoritinnen. Ausgerechnet da, wo es die Welt am wenigsten vermutet, im Harem des Sultans, war Sex Mangelware."

Wir schweigen betroffen.

Dann setze ich meine Einführung fort und fahre mit dem Finger den Weg entlang, den ich für die Haremsdamen vorgezeichnet habe. „Mit etwas Glück fällt eine junge Haremsdame ihrem Sultan bei einem der gemeinsamen Feste auf. Dann lässt er ein Taschentuch in ihrer Nähe fallen, was heißt, dass sie als Nächste bei ihm nächtigen soll. In dieser Nacht geht es darum, dem Sultan so zu gefallen, dass er sie wieder zu sich kommen lassen will. Da dies bei einer Jungfrau, die noch nie einen nackten Mann gesehen hat, vermutlich eher Glückssache ist, wird das ausgewürfelt. Kommt sie weiter, werden ihr ein eigenes Zimmer und eigene Diener zugeteilt. Und nun wird es spannend. Denn jetzt hat sie das Zeug, mit etwas Glück und Intrigen die mächtigste Frau im Land zu werden – nämlich die Mutter des neuen Sultans. Dafür muss sie ...“

Ich werde von einem lautstarken Gähnen unterbrochen. „Entschuldige, aber das ist ganz schön kompliziert“, sagt Tom. „Sei mir nicht böse, aber ich würde jetzt gern schon zu dem Punkt kommen, an dem der Sultan seine Favoritin zu sich bittet und sich beide auf dem Diwan vereinen. Komm her, Weib!“[4]

Ein Frühstück, wie die Türken es lieben. Frische Tomaten, in Scheiben geschnitten. Salzige, schrumpelige Oliven. Beyaz Peynir, der Weißkäse aus Schafsmilch. Ein paar Gurkenscheiben. Ein Omelett. Dazu frisches weiches Weißbrot. Und Tee natürlich. Die Sonne malt helle Streifen auf die Wand. Tom ist da. Und ich fühle mich zum ersten Mal heimisch in meiner Istanbuler Wohnung.

„Was machen wir heute?“, fragt Tom.

„Wir gehen auf ein Fest.“

„Schön! Was ist das für ein Fest?“

„Eine Beschneidungsparty!"

„Eine Beschneidungs*party*?" Tom verzieht das Gesicht. An dem für meinen Geschmack deutlich zu hohen Salzgehalt der Oliven kann es nicht liegen, denn der hat ihm bisher wenig ausgemacht, wie der kleine Berg sorgfältig abgenagter Kerne auf seinem Teller beweist.

„Aber wer, wer wird denn –" Er fixiert das spitze Messer, mit dem ich mir gerade eine Scheibe Brot abschneide.

„Beschnitten?", frage ich zurück. „Gizems Sohn. Das wird bestimmt sehr interessant."

„Bestimmt!", gibt Tom leidenschaftslos zurück. „Aber nach dem, was du mir von ihr erzählt hast, hätte ich nicht gedacht, dass Gizem Muslima ist."

„Ist sie auch nicht. Aber in der Türkei lässt man kleine Jungen nun mal beschneiden. Nicht alle machen es, weil Mohammed angeblich ohne Vorhaut auf die Welt kam. Viele sehen einfach die hygienischen Vorteile. In den USA zum Beispiel ist ja ein Großteil der Männer beschnitten. Und die Gründe sind in den wenigsten Fällen religiöse. Hier in der Türkei ist die Beschneidung für einen Jungen natürlich ein ganz großes Ding. Salman freut sich schon seit Wochen darauf."

„Soso ..." Tom ist der Appetit vergangen.

Ich kündige an, dass wir vor der Feier noch ein Geschenk besorgen müssen. Traditionell werden bei einer Beschneidung, wie bei einer türkischen Hochzeit auch, Goldstücke geschenkt.

„Wo bekommen wir das?"

„Na, wo wohl? Auf dem Basar!"

Auf Luftaufnahmen erinnert der Große Basar in Istanbul an einen Karton mit Christbaumschmuck: Als hätte man fünfzehn Kugeln ordentlich im Karree einsortiert – jeweils fünf in insgesamt drei Reihen. Nur fehlt der Glanz, stumpf ist die Oberfläche der steinernen Kuppeln. Gefunkel und Geglitzer gibt es dafür unter dem Dach zur Genüge. Verführerisch strahlt Hochkarätiges aus den Schaufenstern der Juweliere. Geheimnisvoll schimmern die Stoffe der Tuchhändler. Glamourös prangen die gefälschten Lettern französischer und italienischer Luxusmarken auf den Lederwaren der Täschner. Kein Wunder, dass flanierende Touristen hier zuweilen ein Leuchten in den Augen haben, wie es Kinder bekommen beim Anblick eines glitzernden Weihnachtsbaums und in Erwartung großartiger Gaben.

Nur Tom lassen die Waren kalt. Er ist genervt von den drängelnden Touristen und sich anbiedernden Händlern. Nein, er möchte keinen Teppich kaufen! Nein, er hat kein Interesse an den Lederjacken, auch eine Brieftasche braucht er nicht. Genauso wenig will er eine Wasserpfeife kaufen, oder eine bunte Glaslampe. „No!", bellt er den Mann an, der uns ein Prada-Täschchen unter die Nase hält, worauf der Händler erschrocken zurückweicht. Tom möchte nur eins: Schnell wieder hier raus!

Also halte ich ihn mit ein wenig Historischem. Erzähle, dass der *Kapalı Çarşı* einer der größten überdachten Basare der Welt ist. Dass hier nicht weniger als viertausend Geschäfte Platz haben. Und dass sein Bau kurz nach der Eroberung der Stadt vom Sultan angeordnet wurde, der nicht mehr mitansehen wollte, wie Samt und Seide, Gold und Gewürze auf offener Straße feilgeboten wurden. Schließlich war Istanbul nun Hauptstadt des mächtigen Osmanischen Reiches. Da konnte man nicht länger Handel treiben wie in der Provinz.

Ich erzähle, dass der Basar bis ins 19. Jahrhundert das

wirtschaftliche Herz Istanbuls war, dass er nach Feuersbrünsten und Erdbeben immer wieder neu aufgebaut wurde. Und dass die Haremsdamen es liebten, durch seine Gässchen zu schlendern.[5] Ich erzähle, wie der Basar Anfang des letzten Jahrhunderts an Bedeutung verlor, weil die Händler an das andere Ufer des Goldenen Horns übersiedelten, nach Eminönü und Beyoğlu, in die Nähe von neu eröffneten Banken. Dass man in den achtziger Jahren auf dem Basar Dinge fand, die man im Rest des Landes lange suchen musste: Marlboro-Zigaretten, zum Beispiel, oder Nestlé-Schokolade. Heute ist es vor allem das Goldgeschäft, das die Händler wieder so unermüdlich auf den Basar zieht, wie das orientalische Flair die Touristen: Hundert Tonnen dieses Edelmetalls sollen hier jährlich über den Ladentisch gehen.

Wir brauchen nur ein paar Gramm. Ich ziehe Tom durch die engen Gänge in der Halle mit den Goldverkäufern und bleibe vor einem Stand in einer Seitengasse stehen. Auf meine Frage nach Goldmünzen für eine *Sünnit* – so heißt die Beschneidungsfeier auf Türkisch – holt der Verkäufer ein kleines Kästchen unter dem Tisch hervor und breitet Münzen in den verschiedensten Größen vor uns aus. Ganz winzige und dünne sind dabei, kaum größer als ein Cent-Stück, sowie Münzen von stattlichem Gewicht, deren Kauf mich ohne Zweifel ruinieren würde. Ich tippe auf eine Münze im soliden Mittelfeld und schaue den Verkäufer erwartungsvoll an.

Denn was jetzt kommt, ist klar. Das jahrhundertealte Drehbuch verteilt die Rollen und gibt die Texte vor. Demnach beginnt der Händler ein Gespräch, eine Art Smalltalk, fragt nach Herkunft und Familie. Er macht das nicht nur aus psychologischen Gründen, sondern vor allem um zu erfahren, wie gut der Kunde gestellt ist, wie viel bei ihm zu holen ist. Und dann geht es los. Der Händler nennt einen Preis, den der andere natürlich entrüstet kommentiert, bevor er einen Gegenpreis vorschlägt. Sein Gegenüber wird daraufhin wiederum entrüstet tun – und erst mal Tee ordern. Er tut dies mit einer schlichten Geste in Richtung des Tee-Jungen, der eilig vorbeigeht, ein silbernes Tablett an seinem Griff so nachlässig neben sich herschlenkernd, als trage er einen Turnbeutel. Während Händler und Kunde Tee trinken, werden Familienbilder hervorgekramt – oder Bilder aus der Werkstatt des Verkäufers. Es wird noch ein Tee getrunken und noch einer. Und eine halbe Ewigkeit später kommt man zurück auf das Geschäft. Die Preisvorstellungen schaukeln ein wenig aufeinander zu, bis der Verkäufer – oder der Käufer – schließlich irgendwann murrend, aber nicht unzufrieden einschlägt. Der Kunde zieht mit seiner Ware von dannen, das triumphierende Grinsen des Händlers im Rücken – und das wohlige Gefühl im Bauch, ein gutes Geschäft gemacht zu haben.

Doch nichts dergleichen geschieht. Der Händler legt das Goldstück auf eine kleine Waage, nennt einen Preis und streckt die Hand aus. Ich bin verwirrt, schüttele den Kopf, sage einen Preis, der einen Drittel unter dem des Händlers liegt. Doch daraufhin bebt es nur kurz unter dem Schnurrbart des Verkäufers. Stoisch wiederholt er seine Forderung und zeigt auf die Waage, als wäre sie der strenge Chef, der keinen Widerspruch duldet. „Wir sind nicht beim Teppichkauf", sagt er dann noch, worauf schließlich auch mir die Argumente ausgehen. Also tausche ich Geldscheine gegen Münze, packe das Goldstück ein und ziehe mit Tom von dannen, den missbilligenden Blick des Händlers im Rücken – und das ungute Gefühl im Bauch, um ein original orientalisches Erlebnis gebracht worden zu sein.

Ein kleiner Sultan öffnet die Tür: Mit seinem silbernen Turban, den seidenen Pumphosen und dem perlenbestickten Jäckchen über dem schimmernden Hemd sieht Salman aus wie die Miniatur von Süleyman, dem Prächtigen. Nur ist dieses Imitat etwas – wenngleich nicht viel – größer als unsere Tonfigur. Wir können nicht anders: Unsere Blicke wandern vom kunstvoll geknoteten Turban den kleinen, schmächtigen Körper hinab, um etwa in dessen Mitte neugierig zu verharren.

Hinter Salman erscheint Gizem, strahlender und schöner als je zuvor, mit einer geöffneten Flasche Champagner in der Hand. Als sie Tom entdeckt, stutzt sie, fragend geht ihr Blick zu mir. Erst denke ich, die Irritation hat damit zu tun, dass Toms Blick immer noch zwischen den Beinen ihres Sohnes klebt. Ich stoße Tom in die Seite. Doch dann fällt mir ein, dass Gizem gar nicht wusste, dass ich ihn mitbringe. Seit dem Tag, an dem sie fluchtartig meine Wohnung verließ – aus Angst vor Kakerlaken –, hatte ich nicht mehr mit ihr gesprochen. Also beeile ich mich, die beiden einander vorzustellen.

Dann frage ich, in Richtung des fröhlich durch die Wohnung flitzenden Salmans nickend: „Wir hoffen, ihr habt nicht auf uns gewartet. Wir sind ja ziemlich spät." Um ehrlich zu sein: Die Verspätung war Absicht. Ich wollte nicht dabei sein, wenn das Messer angesetzt wird, sondern erst dann, wenn der Junge mit einem weißen Hemd am Leib in einem zentral platzierten Bett liegen würde, gequält lächelnd und vermutlich unschlüssig in der Frage, was eigentlich schlimmer zu ertragen ist: die Schmerzen im

Schritt oder die feuchten Küsse von Tanten, Onkeln, Groß-müttern und Großvätern.

Gizem winkt ab. „Im Prinzip sind wir alle ziemlich spät. Ich hatte Salman doch direkt nach der Geburt be-schneiden lassen. Ich wollte ihm die schmerzhafte Proze-dur vor der Pubertät ersparen."

Wir bekommen zwei Gläser in die Hand, in denen kurz darauf der Champagner perlt.

„Aber wenn die Beschneidung schon so lange her ist, was feiern wir dann heute?", will Tom wissen.

„Wir feiern nach! Nur weil wir das schon im Kranken-haus machen ließen, können wir Salman doch nicht um die Feier bringen. Und um die ganzen Geschenke."

Wir folgen Gizem durch die Wohnung, und ich bemerke Toms bewundernde Blicke. Hier heißen die Möbel nicht Billy, Peter oder Robin,[6] sondern Eames, van der Rohe oder Le Corbusier. Und das, was Gizem als einfaches Barbecue ankündigte, ist alles andere als eine schnöde Grillparty. Es ist ein Gelage, bei dessen Anblick jeder Sultan voller Neid unter seinem Turban hervorgucken würde. Ein Wunder, dass sich der Tisch nicht biegt unter all den Köstlichkei-ten, den Pasten und Salaten, den Platten mit den Fischen und Fleischbällchen, den Brotkörben, den Säften und Rakı-Flaschen.

Sultan Salman hat sich inzwischen in seinen Harem zurückgezogen – zur versammelten weiblichen Verwandt-schaft von Tanten, Omas und Uromas. Und da jede Ein-zelne von ihnen irgendwann in ihrem Leben wohl einmal beschlossen hat, dass es allenfalls ihrer aufgetürmten Fri-sur, nicht aber ihrer Figur erlaubt sei, auszuufern, passen sie auch alle bequem auf eine Gartenbank. Salman hat sich vor seinem Publikum aufgebaut und demonstriert an seinem Zwergkaninchen, was der Chirurg vor einigen Jahren an seinem Penis gemacht hat. Der Harem lacht erheitert über die Doktorspiele des Mini-Sultans. Dann plötzlich stutzt dieser, hält das Tier in die Höhe – und dieses vor lauter Aufregung den winzigen Zwergkaninchenpimmel – und ruft seiner Mama zu: „Mama, warum ist das Kaninchen denn nicht beschnitten?" Jetzt lacht die ganze versammelte Verwandtschaft. Die stolze Sultansmutter kontert irgendetwas, was die anderen noch mehr erheitert, und Tom erhofft sich eine Übersetzung. Aber so gut ist mein Türkisch leider noch nicht. Ich zucke mit den Achseln und hoffe nur, dass uns auch diese Beschneidung erspart bleibt.

Als wenig später alle zu den Messern greifen, rücken sie damit jedoch zum Glück nur den Steaks und Filets zu Leibe. Tom und ich werden neben einen Mann gesetzt, der, wie sich herausstellt, der Cousin von Gizem ist und zu Salman eine sehr enge Beziehung unterhält. Er ist sein Pate, auf Türkisch: Kirve. Bei einer traditionellen Sünnit hält der Kirve das Kind während der Operation im Arm. Oder der Junge sitzt auf seinem Schoß, während der Beschneider zur Tat schreitet. Dieses Erlebnis blieb unserem Tischnachbarn zwar erspart, nicht aber die lebenslange Verantwortung für das Patenkind. Erendiz heißt der Kirve übrigens – „das heißt Jupiter".

Als sich die beiden Männer, zwischen denen ich sitze, schließlich über meinen Kopf hinweg angeregt über Religion, dann über Fußball unterhalten – und dabei, genau genommen, eigentlich beim Thema bleiben –, bemerke ich, dass Gizem prüfend zu uns herüberschaut. Erst mustert sie Tom, dann ihren Cousin. Ich kenne diesen Blick. Mit demselben hat sie letzte Woche in der Boutique, in der wir für den heutigen Tag einkauften, zwei Kleider gemustert, zwischen denen sie sich entscheiden musste: das leicht schwingende verspielte und das elegante mit dem raffinierten Schnitt. Ich sehe erst Tom an, der sich gerade einen eiergroßen Köfteball in den Mund schiebt, dann den Cousin, der mir daraufhin tief in die Augen schaut, so tief, dass mir ein wenig flau im Magen wird. Und plötzlich wird mir klar, warum ich neben ihm sitze, warum Gizem so überrascht war, als ich Tom mitbrachte, und warum sie jetzt so interessiert herüberblickt. Sie hat – im Gegensatz zu mir – unsere Wette nicht vergessen. Sie fährt die ersten Geschütze auf. Unter dem Tisch greife ich nach Toms Hand und rücke demonstrativ ein Stück näher an ihn heran. „Du glaubst gar nicht, wie froh ich bin, dass du da bist", raune ich ihm ins Ohr.

[1] Erschreckend, welchen Einfluss der allgegenwärtige Militarismus offenbar unbewusst auf mich Pazifistin ausübt. Man kommt nicht drum herum. Kaum ein Tag, an dem keine Uniform meinen Weg kreuzt. 600 000 Soldaten hat die türkische Armee, die seit Atatürks Siegeszügen die ungebrochene Bewunderung der Bevölkerung genießt. Schon drei Mal übernahm das Militär die Regierungsgewalt, und in vielerlei Hinsicht ist der General-stabschef, und nicht der Ministerpräsident, der mächtigste Mann im Land. Das geht nicht spurlos am Volk vorüber ...

[2] Süleyman ist vermutlich der berühmteste Sultan der Osmanen. 46 Jahre stand er an der Spitze des Osmanischen Reiches – so lange wie kein anderer Sultan –, er führte Feldzüge bis Wien, er-ließ wichtige Gesetze und schrieb nebenbei sogar Gedichte. Was ich beim Kauf der Tonfigur allerdings nicht wusste: Als typischer Harems-Sultan ist Süleyman denkbar ungeeignet. Er war einer der wenigen osmanischen Herrscher, die den Verlockungen des Harems widerstanden und lieber monogam lebten. Seine Lieb-lingsfrau Roxelane, eine Sklavin aus Russland, hatte es ihm so sehr angetan, dass er gar mit den Gesetzen des Harems brach und sie in einer feierlichen Prozedur zu seiner Kaiserin machte. Murad III wäre ein besserer Kandidat für meine Spielfigur ge-wesen: Er soll im Harem 103 Kinder gezeugt haben.

[3] In der Geschichte ist das übrigens oft genug passiert. Vor allem zwischen dem 16. und 17. Jahrhundert, das sogar das „Zeitalter der Sultansmütter" genannt wird. Diese nämlich zogen dann die Fäden im Staat – und ganz unschuldig am Lebensstil ihrer Söhne waren die Sultansmütter in der Regel nicht. Ganz bewusst besorgten sie immer schönere Sklavinnen, die dem Sultan den Verstand rauben sollten – um sich dann in aller Ruhe den Regierungsgeschäften zuzuwenden.

[4] Ich bin mir durchaus bewusst, dass Spielregeln ermüdend sind. Daher lasse ich Tom damit in Ruhe und ergänze hier nur kurz,

der Vollständigkeit halber und unter Verzicht aller Details, wie eine Haremsdame es schafft, die wichtigste Frau im Reich des Sultans zu werden.

Die junge Haremsdame, die schon einmal erfolgreich beim Sultan nächtigte, muss zunächst schauen, dass sich ihr Weg nun so oft wie möglich mit dem des Sultans kreuzt, sie also eine seiner festen Konkubinen und dann am besten von ihm schwanger wird. Dann ist sie übrigens eine *Ikball*. Als *Ikball* kann sie vom Sultan geheiratet werden, dann ist sie eine *Kadin*. In der Regel hatte der Sultan vier solcher Hauptfrauen, manche Herrscher ernannten auch mehr dazu.

Wenn unsere Favoritin darüber hinaus die erste Frau war, die dem Sultan einen Sohn geschenkt hat, sind die Chancen sehr gut, letztlich Sultansmutter zu werden. Doch die Konkurrenz ist in der Regel groß. Da empfiehlt es sich, durch Intrigen und Mordaufträge die anderen kleinen Prinzen aus dem Rennen zu werfen ...

So weit die Kurzfassung der Spielregeln. Das zwanzigseitige Manual und die vollständigen Wissens- und Risikofragen, die hier, wie bei jedem spannenden Brettspiel, selbstverständlich nicht fehlen, stelle ich einem interessierten Spielehersteller gern zur Verfügung – gegen ein marktübliches Honorar, versteht sich, denn das kleine Häuschen auf den Prinzeninseln, das ich kürzlich entdeckte, ist von den Einnahmen aus diesem Buch leider nicht zu bezahlen.

[5] Sultan Ibrahim veranlasste sogar, dass der Basar rund um die Uhr geöffnet war, damit seine Haremsdamen zu jeder Zeit shoppen gehen konnten.

[6] Obwohl in der Türkei selbst schwedische Billigmöbel oft schon Statussymbole sind. Angesichts des Lohnniveaus – durchschnittlich verdient man hier 300 bis 500 Euro – sind die Möbel nämlich gar nicht so günstig. Auch Gizem hat das eine oder andere von Ikea. Aber sie achtet darauf, wie ich es auch von den Freunden in Berlin kenne, „dass es nicht aussieht wie Ikea".

Juli
– Die Kunst der Improvisation –

> „Das Istanbul meiner Kindheit habe
> ich wie ein Schwarzweißfoto erlebt,
> als zweifarbigen, halbdunklen, bleigrauen Ort,
> und so habe ich es bis heute in Erinnerung."
>
> (ORHAN PAMUK, „ISTANBUL.
> ERINNERUNGEN AN EINE STADT")

MAN SAGT, ER KÄME JEDEN TAG. Doch heute ist er nicht da. Gestern war er es auch nicht. Genauso wie vorgestern und an den vielen Tagen davor, die ich jetzt schon in dem Café verbringe, das seinen Namen trägt. Ara.

„Das Auge Istanbuls" nennt man ihn. Den „Master of Leica". Oder schlicht, zumindest hierzulande, „Fotograf des Jahrhunderts". Er hat Picasso porträtiert, Churchill, Hitchcock, die Callas – allesamt Legenden. Inzwischen ist ihr Fotograf selbst eine.

Natürlich würde ich Ara Güler sofort erkennen, wenn er durch die Tür tritt. Schließlich hängt ein Porträt von ihm direkt daneben. Es zeigt einen Mann mit weißem Bart und wachem Blick, der wohl allein schon deshalb auffallen würde, weil er gut ein halbes Jahrhundert älter ist als die meisten, die hier ihren Çay trinken. Es lag übrigens nah, das Café nach Ara Güler zu benennen. Ziemlich nah. Der Mann wohnt genau obendrüber.

Umso erstaunlicher, dass ich ihn noch nie gesehen habe. Jeden Tag komme ich her, jeden Tag lasse ich den Blick durch den Raum schweifen, bevor ich mich an den kleinen Tisch rechts an der Wand setze – und jeden Tag bin ich ein bisschen mehr enttäuscht. Warten auf Ara – es ist zum Ritual geworden. Fast zur Obsession. Ein Tick, wie der des Kindes, das am Fenster langsam bis zehn zählt und glaubt, dass, wenn in dieser Zeit ein rotes Auto um die Ecke biegt, zum Geburtstag garantiert das gewünschte Fahrrad im Kinderzimmer steht. So wie das Glück des Kindes von einem roten Auto abhängt, so hängt meins von Ara ab. Als würde einfach alles gut werden, wenn der alte Mann endlich einmal auftauchte: die Sehnsucht nach Tom nicht mehr so wehtun, das Heimweh nach Deutschland verblassen – und das Gefühl des Fremdseins endlich von mir abfallen wie der Gipsverband, den der Arzt löst, bevor sich der Patient wieder frei und ungehindert durch die Welt bewegen kann.

Vermutlich liegt es aber weniger an Aras Abwesenheit, dass es mir nicht so gut geht. Es liegt an der Hitze. Der Sommer hat die Stadt in einen gewaltigen Hamam verwandelt. Es ist tatsächlich so heiß und schwül in den Straßen wie in einem türkischen Dampfbad. Vermutlich dauert es nicht mehr lange, bis Istanbuls Schuhputzer – die an Sandalen und Flip-Flops nicht viel zu reinigen haben – auf Hamamcı umschulen und heißgelaufenen Passanten an den Straßenecken kaltes Wasser aus Kupferschalen über den Kopf kippen. Sie könnten viel Geld damit verdienen. Erfrischung sucht man in Istanbul nämlich vergeblich.

Öffentliche Freibäder gibt es nicht. Die Strände am Schwarzen Meer sind genauso weit weg wie die der Prinzeninseln im Marmarameer. Und einfach mitten in der

Stadt vom Quai in den Bosporus zu springen, wie es die Halbwüchsigen hier und da gern tun, empfiehlt sich nicht. Die Strömung ist in etwa so heftig wie der Sog, mit dem das Abwaschwasser konfrontiert wird, wenn der Stöpsel aus der Spüle gezogen wird. Und das, was im Bosporus um einen herumschwimmt, in etwa genauso unappetitlich. Leider schmeißen die Istanbuler nicht nur Essensreste unbesorgt ins Wasser.

Bleiben also nur die exklusiven Swimmingpools in den hippen Clubs oder Beach-Bars der Stadt. Und die sind teuer. Wer zum Beispiel in Istanbuls spektakulärsten Swimmingpool springen will, der auf einer künstlichen Insel mitten im Bosporus schwimmt, zahlt dafür so viel wie für ein anständiges Drei-Gänge-Menü in einem der besseren Restaurants der Stadt. Das kann ich mir nicht leisten. Aber manchmal nimmt Gizem mich mit, die merkwürdigerweise weder für mich noch für sich selbst Eintritt zahlen muss. Dann liegen wir zwischen schlankgehungerten Türkinnen, deren blondierte Strähnchen in der Sonne so golden glänzen wie das Geschmeide über ihren auffällig üppigen Dekolletees, schlürfen sündhaft teure Drinks und versuchen an nichts zu denken. An rein gar nichts. Nicht an die versammelten Karate um uns herum. Nicht an die fünfzig Lira, die der Cocktail hier kostet. Und vor allem nicht daran, dass es sich viele Istanbuler noch nicht einmal leisten können, überhaupt an den Bosporus zu fahren.

Doch wenn Gizem arbeiten ist, und das ist leider meistens der Fall, komme ich nicht an die Pools. Ich muss draußen bleiben. Wie ein armer Straßenköter streife ich dann durch die Straßen, auf der Suche nach einem schattigen Plätzchen, und frage mich, wie die Istanbuler diese Hitze nur aushalten.

Die Antwort gab mir Frau Ö. vor wenigen Tagen am Telefon. „Ich bin jetzt für die nächsten drei Monate in meinem Sommerhaus", sagte sie in einem Ton, in dem andere ankündigen, am Abend ins Kino zu gehen. Für den gut situierten Istanbuler, so erfuhr ich schließlich, ist das auch mindestens so selbstverständlich. Hier hat jeder, der es sich irgendwie leisten kann, ein Haus für den Sommer – mit kurzem Weg zum erfrischenden Strand oder hoch oben, in den kühlen Bergen –, wo man einfach so lange ausharrt, bis es in der Stadt wieder auszuhalten ist.

Sommerhaus – ich höre noch ein wenig dem Klang des Wortes nach, einem Wort aus einer Zeit, als in meiner Heimat die Residenz für heiße Tage noch nicht Datsche oder Bungalow hieß. Wahrscheinlich wäre der Begriff mit den letzten Sommerhäusern verschwunden, hätte ihn ein schöner Buchtitel aus den Neunzigern nicht ins Heute gerettet – „Sommerhaus, später". Weniger galant klingt, was ich, doch reichlich verwirrt angesichts der vollendeten Tatsachen, vor die ich plötzlich gestellt werde, Frau Ö. entgegne: „Sommerhaus – wo?"

„In Bodrum", erklärt sie. „Habe ich Ihnen nicht davon erzählt?"

Hat sie nicht. Und auch nicht, wie sie sich unsere Arbeit für die nächsten Monate vorgestellt hat. Ich hatte mir einen Zeitplan aufgestellt, an den ich mich strikt halten wollte. Bis September sollten alle Interviews geführt sein, danach wollte ich mit dem Schreiben beginnen. Nun kommt alles durcheinander. Doch als ich meine Einwände aufzähle, unterbricht mich Frau Ö. schroff: „Ich gebe Ihnen einen Rat! Lernen Sie eine türkische Tugend: Improvisieren Sie! Lösen Sie sich von dem Gedanken, alles unter Kontrolle haben zu wollen. Es läuft ohnehin nicht immer nach Plan."

Seit diesem Telefonat übe ich mich also im Improvisieren. An Gelegenheiten mangelt es nicht:

Als vor drei Tagen das Wasser ausfiel, bastelte ich mir mit Hilfe eines jener Plastikkanister, in denen man hier das Trinkwasser anliefert, eine provisorische Dusche – nach dem Eimerprinzip der Schwalldusche aus der finnischen Sauna. Der Erfrischungseffekt ist bei den tropischen Temperaturen auch in etwa derselbe wie nach dem skandinavischen Schwitzbad.

Als ich mich letztens auf der Fähre wieder einer Bank glotzender Männer gegenüberfand, die nun offensichtlich noch den letzten mageren Rest von Schamgefühl ausgeschwitzt zu haben schienen, aktivierte ich meine seit der Schultheaterzeit auf Eis gelegten Schauspielkünste. Alle paar Sekunden warf ich unkontrolliert meine rechte Hand an den Hals, schob die Unterlippe weit nach vorn, wie ich es einmal im Berliner Tiergarten bei einem Affen beobachtet hatte, und starrte dabei gedankenverloren ins Leere. Ganz schnell waren die Möwen in der Luft spannender als die irre Blonde mit dem Tick.

Und als mir vor wenigen Tagen mein Internet abgeschaltet wurde, weil ich mal wieder eine dieser Rechnungen auf dem Boden des Hausflurs übersehen hatte, verlegte ich mein Büro kurzerhand in das Café Ara. Hier habe ich alles, was ich neben Laptop, Handy und den Kassetten mit den Gesprächen mit Frau Ö. zum Arbeiten brauche: kostenlosen Internetzugang, reichlich Tee und Schatten – und ein inspirierendes Umfeld.

So sitze ich hier, mit der Stimme von Frau Ö. in den Ohren, und lasse die Blicke durch das Ara schweifen, wo zwar nicht der Fotograf, dafür aber sein Werk sehr präsent ist. In der Größe von Werbeplakaten hängen seine Bilder an den Wänden. Melancholische Schwarz-Weiß-Aufnahmen vom Istanbul der fünfziger und sechziger Jahre: aufgescheuchte Möwen über dem Bosporus; Fischerboote am Goldenen Horn; die Istanbuler Fähren vor Sonnenuntergang; Menschen mit Schiebermützen und schiefen Bärten. Was Frau Ö. versucht in Worte zu fassen, hat Ara Güler mit der Kamera beschrieben: das verlorene Istanbul, wie er es nennt. Das andere, sagt Frau Ö.

„Man kann sich kaum vorstellen, wie Istanbul damals aussah. Natürlich war es immer schon eine große Stadt. Als ich ankam, hatte Istanbul etwa eine Million Einwohner. Davor waren es sogar schon mal mehr, und danach, na, das weiß man ja. Aber damals, als ich ankam, hatte Istanbul eine ganz besondere Atmosphäre. Es war sehr mondän, erinnerte ein wenig an Paris. Viele Ausländer lebten hier, ich war gar nicht so eine Exotin. Man ging in Beyoğlu aus, was damals noch eine feine Gegend war. Später ist es ja ganz schrecklich heruntergekommen. Irgendwann traute man sich da ja gar nicht mehr hin. Voller Kriminalität und Drogen. Die ganzen Cafés, die es heute gibt, die Läden und Geschäfte sind ja erst wieder ab den Achtzigern dort entstanden. Aber zurück zu meinen ersten Jahren in Istanbul. Was damals auch anders war als heute, die Religion war nicht so allgegenwärtig wie jetzt. Zwar gab es Moscheen und der Muezzin sang, aber man sah kaum Kopftücher. Damals fielen sie mir natürlich auf, und ich weiß, dass ich in den ersten Tagen noch jede Frau mit Kopftuch neugierig musterte. Heute würde man gar nicht dazu kommen, so viele sind es ...“

Ich nehme die Kopfhörer ab, weil der Kellner mir mit wilden Gesten zu verstehen gibt, dass mein Handy klingelt. Er tut dies nicht etwa vorwurfsvoll, wie ein deutscher Kellner – entweder selbst vom Klingeln genervt oder aus Sorge, dass die Gäste es sind – es tun würde. Das Klingeln eines Telefons wird hier nicht als störend empfunden. Wie überhaupt Geräusche jedweder Art. Genau genommen kann es in Istanbul nie laut genug sein. Mindestens drei Geräuschquellen, so muss die ungeschriebene Regel hier besagen, sollten alle auf einmal Lärm machen. Ist es in einer Straße zum Beispiel mal so ruhig, dass nur das Baby der Nachbarin schreit und aus der Wohnung an der Ecke Musik auf die Straße dringt, fühlt sich jeder Türke verpflichtet, den Dreiklang zu vervollständigen. Unbegrenzt scheinen seine Möglichkeiten. Er könnte zum Beispiel ins Auto steigen und ein bisschen auf die Hupe drücken, er könnte seine E-Gitarre anschließen und Akkorde üben, er könnte in der Küche laut mit dem Geschirr klappern, er könnte einen Streit mit seiner Frau vom Zaun brechen. Er könnte aber auch zum Telefon greifen und neue Klingeltöne ausprobieren. Das Handy bietet die bequemste Möglichkeit, die Geräuschkulisse zu vervollständigen.

Nur einmal im Bus habe ich erlebt, dass mein Handyklingeln Missfallen erregte. Mit einem belehrenden Gesichtsausdruck zeigte der Mann mir gegenüber auf ein Schild über der Fahrerkabine. Es zeigte ein durchgestrichenes Handy. Dieses Schild kannte ich aus deutschen Hörsälen und Zugabteilen. In der Türkei hatte ich es noch nie gesehen. Dass ausgerechnet ein ganz normaler Stadtbus plötzlich zur meditativen Ruhezone erklärt wurde, fand ich äußerst merkwürdig. Aber dann klärte der alte Mann mich auf: „Die Klimaanlage! Handystrahlen machen sie kaputt." Der Gefahr eines Hitzschlags ausgesetzt ist der Türke dann also doch bereit, sein Telefon auszuschalten.

Ich muss aus Versehen das Diktiergerät ans Ohr gehalten haben: Ich höre immer noch die Stimme von Frau Ö. Doch der kleine Kasten in meiner Hand, so vergewissere ich mich mit einem schnellen Blick, ist tatsächlich das Telefon. Frau Ö. ist dran. Sie ruft mich sonst nie auf dem Handy an. Es muss etwas passiert sein.

„Hören Sie", sagt sie in ihrem Befehlston, der keinen Widerspruch duldet, „Sie kommen nach Bodrum. Meine Nachbarin muss zu ihren Verwandten nach Deutschland. Sie braucht jemanden, der sich um die Blumen kümmert. Ich dachte, das könnten Sie machen. Meine Bekannte hat nichts dagegen, wenn Sie dafür in ihrem Haus wohnen. Also kommen Sie her." Langsam finde ich Gefallen am Improvisieren.

Drei Tage später stehe ich mitten in der Nacht auf einem Busbahnhof in Istanbul und fürchte um mein Leben. Wie ein Zirkusdompteur, der in der Manege die Kontrolle über seine Elefantenherde verloren hat, fühle ich mich zwischen den Bussen, die sich nur wenige Millimeter an mir vorbeischieben und mich und meinen dicken Koffer vollends ignorieren. Etwa doppelt so viele Fahrzeuge wie der Bahnhof Parkplätze hat verkehren hier. Für die Passagiere bleibt dann natürlich kein Fleckchen frei. Während ich von den behäbigen Riesen hin und her gedrängt werde, verfluche ich die Ferienzeit, die es unmöglich macht, im Sommer noch auf die Schnelle ein Flugticket nach Bodrum zu bekommen. Und genauso verfluche ich die Fehlentscheidung der türkischen Regierung aus den fünfziger Jahren, statt des Schienenverkehrs das Straßennetz auszubauen. Heute ist nun nahezu jeder, der von einer Stadt zur nächsten fahren und nicht fliegen möchte, auf den Bus angewiesen und muss sich diesen Irrsinn hier antun. Ich möchte nicht wissen, wie viele Menschenleben dieser Regierungsbeschluss schon gekostet hat – wobei die Zahl der Opfer von Busunglücken infolge rakıseliger Fahrer sicher nicht viel größer ist als die derer, die auf Busbahnhöfen wie diesen aus Versehen zerquetscht werden.

Bodrum haben einige der hier rangierenden Busse als Ziel. Aber keiner hat die Nummer 2443. Auf diesen Bus ist mein Ticket ausgestellt. Seit einer halben Stunde halte ich nun schon nach der 2443 Ausschau. Vor zehn Minuten hätte sie eigentlich abfahren sollen. Ich werde nervös. Vielleicht hat mich der Zubringer auf dem falschen Busbahnhof abgesetzt? Vielleicht habe ich die Nummer 2443 übersehen? Vielleicht wurde sie vom Fahrplan gestrichen?

Als sich wieder einer der Busse nach Bodrum in Bewegung setzen möchte, ist meine Geduld am Ende und ich stelle mich ihm in den Weg. Er ist nur zur Hälfte besetzt, warum sollte er mich nicht mitnehmen? Ich zeige dem Fahrer meinen Fahrschein, doch der schüttelt den Kopf. Ich könne hier nicht einfach so mitfahren, mein Ticket sei für einen anderen Bus ausgestellt. Es müsse alles seine Ordnung haben. Aha, denke ich, jetzt auf ein Mal!

Weitere zwanzig Minuten später rollt sie endlich auf mich zu: die Nummer 2443. Selig verstaue ich mein Gepäck in ihrem Bauch und begebe mich gewohnheitsgemäß ganz nach hinten auf die lange Sitzbank, den einzigen Platz im Bus, auf dem man die Füße hochlegen und horizontal liegen kann. Ich ziehe die Schuhe aus, rolle meine Jacke zum Kissen zusammen und freue mich auf die erste Nacht seit Monaten, in der kein Muezzin mich wecken wird.

Dafür weckt mich ein anderer Mann – und zwar noch bevor ich in wohligen Tiefschlaf versinke. Er trägt ein weißes Hemd über einer dunklen Hose und möchte mein Ticket sehen. Ich gebe es ihm. Daraufhin macht er ein ernstes Gesicht, zeigt entrüstet auf die Zahl, die dort steht, und bedeutet mir mit einer Geste, doch den mit dieser Nummer versehenen Sitzplatz aufzusuchen und den illegal von mir besetzten umgehend zu räumen. Erstaunt packe ich meine Siebensachen und ziehe von hinten durch den ganzen Bus, dem Schaffner hinterher und die missbilligenden Blicke aller Mitreisenden im Rücken. Wahrscheinlich können sie nicht fassen, dass ausgerechnet eine Nordeuropäerin sich hier nicht an Recht und Ordnung hält. Ich bin kurz davor, mich zu rechtfertigen, der ganzen Busladung lautstark und im überheblichen Ton der Westlerin zu erklären, dass es in Nordeuropa schließlich Züge gibt, in denen wir die Freude an festen Sitzplätzen und kontrollierenden Schaffnern vollends ausleben und in den Bussen dafür weitgehend Anarchie genießen. Aber was soll's! Was kann das Volk für eine Regierung, die offensichtlich dachte, mit Istanbul als Endstation des legendären Orientexpress hätte man genug Eisenbahnergeschichte geschrieben. Nur konsequent, dass es dann improvisiert – und im Bus so tut, als säße es im Zug.

Die Freude über meinen Fensterplatz hält sich in Grenzen. Nämlich in jenen, in die mich das überbordende Sitzfleisch meiner Nachbarin verweist. Die Armlehne, die uns eigentlich trennen sollte, lässt sich nicht herunterklappen. Unwillig klemme ich mich zwischen meine Mitfahrerin und das Fenster. An Einschlafen ist in dieser Zwangslage natürlich nicht zu denken, zumal zu allem Übel die unverwechselbare Kopfnote des Kölnischwassers, in dem meine Nachbarin zuvor gebadet haben muss, ihre revitalisierende Wirkung auf das Eindringlichste entfaltet. Weder die beruhigende Herznote – Lavendel, Rosmarin – noch die angeblich stimmungshebende Basisnote kommen dagegen an.

Ich schaue aus dem Fenster und denke an Yoldan. Seinetwegen wäre ich fast nicht gefahren. Wer sollte ihn denn füttern und unterhalten, wenn ich nicht da bin? Gizem ist selbst in Urlaub gefahren, Helena hat eine Katzenallergie und zurück auf die Straße hätte ich den inzwischen ziemlich verwöhnten Kater doch unmöglich setzen können.

Also tat ich mal wieder, was Frau Ö. mir geraten hatte: Ich übte mich im Improvisieren. Am Schwarzen Brett meiner Sprachschule studierte ich die Zettel derer, die für die kommenden vier Wochen eine Unterkunft suchten. Ich telefonierte eine Nummer nach der anderen durch und fragte die Wohnungssuchenden, ob sie es sich auch vorstellen könnten, mit einem Kater zusammenzuwohnen, diesen täglich zu füttern sowie regelmäßig dessen Katzenklo zu leeren. Von sechs Interessenten konnten dies immerhin vier. Als ich dann der Fairness halber erwähnte, dass ich seit Tagen kein fließendes Wasser mehr hatte, schrumpfte deren Zahl jedoch dramatisch von vier auf eins.

Wenig später stand Heike aus Dresden vor meiner Tür. Sie lud ihr Gepäck in meinem Flur ab wie kurz darauf eine Menge Frust in meiner Küche beim Tee. Nach einer Woche hatte sich hier – Basar! – wie da – Wohnungssuche! – einiges angestaut.

„Ich wollte ja so gern in eine WG", fing Heike das Gespräch an und hörte erst zehn Minuten später wieder auf. Sie erzählte von schimmeligen Wohnungen, suspekten Vermietern und merkwürdigen Bedingungen. „Ein Pärchen hat doch tatsächlich verlangt, dass ich in ihrem Schlafzimmer übernachte! Dabei sahen die gar nicht so aus, als hätten sie Hintergedanken dabei, die brauchten einfach die Knete", erzählte sie in breitem Sächsisch. Dann schaute sie mich fragend an: „Warum gibt es in Istanbul eigentlich so wenig Wohngemeinschaften?"

Ich erklärte es ihr: weil die jungen Leute hier in der Regel zu Hause wohnen, auch wenn sie schon studieren. Weil sie dann irgendwann heiraten und mit ihrem Partner eine Wohnung suchen. Und weil die Türken wohl vermutlich schon deshalb gar keinen Bedarf an Wohngemeinschaften haben, weil sie in ihren Großfamilien ohnehin genug Gewusel, Chaos, ungespültes Geschirr und gut gefüllte Kühlschränke haben.

Heike nickte interessiert. Dann führte ich sie durch die Wohnung, erklärte, dass sie das Leitungswasser besser nicht trinken soll – auch wenn die trübe Flüssigkeit aus dem Hahn immer ein bisschen wie verdünnter Rakı aussieht – und sich stattdessen das Trinkwasser in Kanistern kaufen soll, und zwar direkt vom Wasserverkäufer, der am Nachmittag von Haus zu Haus zieht. Ich zeigte ihr vom Fenster aus die Laterne an der Straßenecke, unter der sie am Abend den Müll abladen kann – „nicht tagsüber, sonst stinkt das den ganzen Tag". Ich demonstrierte ihr das Prinzip meiner Schwalldusche und wie man es durch einen geschickten Schlag auf die Kühlschranktür schafft, dass das Eisfach zubleibt. Heikes Augen leuchteten. In einem bestimmten Alter findet man Provisorien offensichtlich noch spannend. Dass Yoldan die ganze Zeit einen großen Bogen um die fremde Frau machte, habe ich spätestens in dem Moment nicht mehr wahrgenommen, als Heike mir die Miete in kleinen Scheinen in die Hand drückte. Geld für die Busreise nach Bodrum, einen neuen Bikini – und so manchen Cocktail am Strand. In dem Moment fand ich, dass ich das mit dem Improvisieren inzwischen doch schon ganz gut beherrsche.

Nun sitze ich also hier im Bus und die Fahrt in die Sommerfrische geht schon gut los. Ich friere! Der Busfahrer hat die Klimaanlage voll aufgedreht. Während ich meine Jacke aus dem Gepäcknetz angle und mir dabei mein Fotoapparat entgegenfliegt, muss ich plötzlich an Ara denken. Auf einen Schlag wird mir klar, warum ich den alten Fotografen bisher noch nicht gesehen haben konnte. Der Grund ist so simpel: Es ist Sommer! Da lebt man in seinem Sommerhaus! Erleichtert und mit dem Gedanken an einen alten Mann am Meer, der versucht, mit seiner Leica noch einmal so melancholische Bilder zu machen wie einst in Istanbul, schlafe ich irgendwann doch noch ein.

August
– Verwirrung am Weltwunder –

„Die Götter sind neidisch
und wankelmütig."
(HERODOT, AUS DEN HISTORIEN)

E-MAIL AN TOM, 7. *August, 13.32 Uhr*

Birtamen, mein Einziger,

ich bin am richtigen Ort: Geschichtsschreiber, Journa-
listen und Schriftsteller haben ihn berühmt gemacht. Erst
Herodot, der hier lebte, als Bodrum noch Halikarnassos
hieß. Dann Cevat Sakir Kabaagaçli, der hierher verbannt
wurde, weil er 1925 in einem Artikel Verständnis für Deser-
teure zeigte. Doch ihm gefiel sein Exil. Als freier Mann lud
er all seine Künstlerfreunde ein – und in Istanbul und Ankara sprach sich herum, wie schön es hier ist.

Wie schade, dass du mich hier nicht besuchen kommen kannst! Es würde dir sehr gefallen! Wir könnten
tagsüber durch das Städtchen streifen, an den Strandbars
Cocktails schlürfen und abends auf meiner herrlichen
Dachterrasse zusehen, wie die Sonne untergeht. Keine Bet-
tenburgen versperren die Sicht (weil ein kluger Bürgermeister einst beschloss, dass hier niemand mehr als zwei
Stockwerke bauen darf, auch wenn er noch so viele Lira auf
den Tisch legt dafür), stattdessen schaut man auf die Bucht
mit der dicken alten Burg und auf den Hafen mit den vie-

len Yachten. Kilometerweit zieht sich der Quai, an dem sich die Boote so dicht aneinanderdrängeln, dass sie sich gegenseitig aufrieben, würden die Fender dies nicht mit aller Kraft zu verhindern wissen. Und die aufgereihten Masten wirken von hier oben wie die Lanzen einer riesigen Armee, die angetreten ist, die Burg zu verteidigen.

Frau Ö., übrigens, blüht hier in ihrem Sommerhaus richtig auf. Sie läuft nur noch in bunten Hängekleidern herum, manchmal ruft sie „Huhu" von ihrer Terrasse zu mir herüber und ich bin fast peinlich berührt. Vielleicht hat die Veränderung mit dem massierenden Kapitän zu tun. Stell dir vor: Ein Fährmann, der die Schiffe von Bodrum nach Kos steuert (Fahrzeit in etwa eine Stunde), ist im Nebenjob Masseur und bekannt dafür, dass er während der Fahrt seine Patienten durchknetet. So gut macht er das, dass einige seiner Kunden nur für die Massage aus Istanbul einfliegen. Frau Ö. ist eine seiner treuesten Kundinnen. Erst gestern war sie wieder auf der Fähre.

Aber vielleicht ist Frau Ö. so freundlich, weil sie das schlechte Gewissen plagt. Es klang so harmlos, als sie mich hierher zitierte und meinte, ich müsste „nur ein paar Blumen gießen". In der Türkei hat man nämlich tatsächlich nur ein paar Blumen, selten mehr als zwei – liebevoll in Plastikkanister gepflanzte Dickblätter, die auch mal ein paar Tage ohne Wasser auskommen. Ich hatte nicht bedacht, dass meine Wirtin eine Deutsche ist, die hier die mitteleuropäische Tradition der Terrassenbegrünung kultiviert. Ich habe nun die volle Verantwortung für einen privaten botanischen Garten! Apropos: Was macht eigentlich unser Balkon in Berlin?

Für heute, mein Liebster, sei geküsst und umarmt,
Deine C.

PS: Übrigens könnte es sein, dass ich segeln gehe! Ich habe eine Bekannte von Gizem getroffen, die mit ihren Freunden für eine Woche ein Schiff gemietet hat. Weißt du, diese herrlichen Gulets aus Holz, mit denen man die so genannte Blaue Reise macht. Es gibt noch einen freien Platz und ich könnte für den halben Preis mitfahren. Ich überlege noch, ob ich es tue. Soll ich?

E-Mail an Helena, 7. August, 13.47 Uhr
Liebe Helena,

ich bin ganz und gar am falschen Ort: Ehebrecher haben ihn berühmt gemacht! Stell dir vor, Bodrums Pensionen und Hotels waren lange Zeit bekannt dafür, dass sie auch Paaren ohne Trauring anstandslos ein Zimmer gaben. Chefs kamen mit ihren Sekretärinnen her, verheiratete Frauen mit ihren Liebhabern ... Ich bin in einem Eldorado für Ehebrecher gelandet! Einem Urlaubsort für Untreue! Und, was soll ich sagen, der sündige Gedanke, er liegt irgendwie in der Luft. Doch von vorn.

Du glaubst nicht, wer mir hier zufällig über den Weg gelaufen ist: der Cousin von Gizem. Erendiz! Der Mann, mit dem sie mich verkuppeln will. Du kennst doch diese unsägliche Wette, die zwischen uns läuft. Ich hatte ihn das erste Mal bei der Beschneidungsfeier von Salman getroffen, das zweite Mal brachte ihn Gizem unangekündigt mit ins Kino. Na ja, und nun – Schicksal, Fügung, Kismet – stand er auf einmal vor mir. Frau Ö. hatte mich in einen Club an der Marina mitgenommen. So ein schicker Laden unter freiem Himmel, wo die Männer kaum jünger sind als Frau Ö. und ihre Frauen kaum älter als ich. Und dann, als wir gerade gehen wollten, stand er auf einmal vor mir. Ich traute meinen Augen kaum, so klein ist die Welt. Nun gut, dass man hier Istanbuler trifft, ist nicht ungewöhnlich. Vom Bosporus nach Bodrum ist ja für viele die logischste aller denkbaren Ferienrouten. Aber dass es dann ausgerechnet dieser Istanbuler sein muss, der mir hier über den Weg läuft!

Was soll ich sagen, wir hatten einen unvergesslichen Abend. Erst zeigte Erendiz mir ein paar Clubs, dann ein Weltwunder. Du, als alte Griechin, hast bestimmt davon gehört: die Grabstätte von Mausolos, das fünfte der sieben Weltwunder. Von dem einst 46 Meter hohen Mausoleum ist so gut wie nichts übrig geblieben. Nur ein paar Steine und Säulen liegen auf dem Boden verstreut. Für Touristen sicher eine Enttäuschung. Aber wenn man mitten in der Nacht über einen Zaun klettert und die Säulen im Mondlicht betrachtet – das hat schon was.

Wir setzten uns auf einen dieser uralten Steine und Erendiz erzählte mir die Geschichte von Artemisia II., der Ehefrau (und übrigens auch Schwester) von Mausolos. Als Mausolos starb, soll sie seine Asche mit Wein vermengt und diesen getrunken haben – ihr Körper sollte das Grab des Geliebten sein. Ist das nicht romantisch? Und dann hat sie dafür gesorgt, dass ihr Mann noch einen anständigen Grabstein bekommt. Und was für einen! Auf den Bildern, die man hier betrachten kann, sieht das Mausoleum wirklich beeindruckend aus! Was für ein Monument der Leidenschaft!

Nein, nein, es ist nichts passiert, wofür ich mich schämen müsste – auch wenn die Nacht lang war und erst mit einem Frühstück auf meiner Dachterrasse endete. Aber jetzt fragte Erendiz, ob ich auf eine Blaue Reise mitkommen möchte. Seine Freunde haben ein Boot gemietet. Es ist zwar keine Kajüte mehr frei. Aber Erendiz meinte, man schläft sowieso nicht im Bett, sondern auf Deck unter dem Sternenhimmel. Ich bin hin- und hergerissen. Was soll ich tun? Ständig muss ich an ihn denken. Aber da ist doch auch noch Tom in Berlin.

Tom besetzt mein Herz, Erendiz meinen Kopf und meinen Bauch – was für eine gefährliche wie süße Fremdherrschaft ... Ach, Helena, gib mir bitte einen Rat!

Es grüßt verzweifelt und verwirrt:

C.

E-Mail von Tom, 8. August 19.34 Uhr
Canim benim, mein Schatz,

du solltest unbedingt diese Blaue Reise mitmachen! Es soll ganz großartig sein! Also mach das und genieß die Zeit! Meine Sehnsucht segelt mit dir!

Hier in Deutschland macht der Sommer gerade Pause. Seit zwei Wochen regnet es ununterbrochen. Ich muss also nicht so viel gießen wie du. Irgendeine Blume hat letztes Jahr mit Samen geschleudert. Jetzt blüht es überall ganz wild und schön.

Nicht nur unsere Pflanzen vermehren sich. Gestern traf ich Thorsten und Sandra auf der Straße – und Sandra ist schon so rund wie Thorsten! Vermutlich sind wir bald das letzte kinderlose Paar in Prenzlauer Berg. Ich rechne schon jeden Tag mit unserer Ausweisung.

Auf jeden Fall wird es nun immer schwieriger, mich mit irgendeinem unserer Freunde mal spontan zu verabreden. So friste ich mein Leben in verregneter Einsamkeit und vermisse dich jeden Tag mehr.

Ich küsse dich,

Tom

PS: Vielleicht kannst du auch einen Termin beim massierenden Fährmann bekommen? Allerdings würde ich vorher fragen, ob er einen Autopiloten hat.

E-Mail von Helena, 10. August, 20.11 Uhr
Merhaba, deutsche Freundin,

dass du ausgerechnet mich in dieser Angelegenheit fragst, eine Griechin, mit kulturell tief verwurzeltem Hang zur Tragödie! Also momentan kann ich dir und der ganzen Welt nur raten, den Gefühlen zu folgen. Bin nämlich selbst ganz Gefühl, da: verliebt! Morgen fahren Bülent und ich auf eine kleine Insel im Mittelmeer. Boszaada heißt sie, war früher mal griechisch und die Türken durften die Insel damals nur behalten, weil sie den dort lebenden Griechen ein Bleiberecht einräumten. Die mussten nicht, wie die anderen Griechen in der Türkei – Bevölkerungsaustausch! Du erinnerst dich? – die Koffer packen. Ein paar von ihnen sollen immer noch auf Boszaada leben. Ansonsten ist die Insel für ihren Wein berühmt. Wir werden ihn kosten – jedoch vermutlich ohne menschliche Zusatzstoffe. (Ich frage mich, ob Keith Richards, der sich doch kürzlich die Asche seines Vaters durch die Nase zog, die Geschichte von Artemisia kannte.)

Lass es dir gut gehen! Wirklich!

In Liebe, Helena

E-Mail an Tom, 13. August 14.31 Uhr
Sevgilim, Liebster,

lass vor deinem inneren Auge einen dieser Werbespots ablaufen, in dem junge, hübsche Menschen auf einem herrlichen, hölzernen Segelschiff über das Wasser gleiten und nichts weiter tun, außer Cocktails zu trinken, in der

Sonne zu liegen und gut dabei auszusehen. Und nun stelle dir vor, dass deine Freundin da mitspielt – eine Komparsin in Bikini, mit Sonnenhut auf dem Kopf und buntem Getränk in der Hand. Geht nicht? Ist vielleicht besser so, sonst würdest du vermutlich sehr neidisch werden.

So eine Blaue Reise ist unglaublich erholsam. Man muss rein gar nichts machen – außer ab und an ins glasklare Wasser springen, ein paar Bücher lesen, köstliche Sachen essen und Tavla spielen. Ganze Nächte haben wir Backgammonturniere veranstaltet. Unglaublich, dass dieses Spiel, das schon 2000 Jahre alt ist, immer noch fasziniert.

Es gab nur eine Enttäuschung: Gesegelt sind wir so gut wie gar nicht. Ständig war der Motor an, nur einmal hat die Crew das Segel gehisst. Nachts lagen wir dann immer in einer dieser herrlichen einsamen Buchten vor Anker. Wunderschöne Plätze sind das, oft nur vom Wasser aus erreichbar. Und über uns ein unglaubliches Sternenmeer. Als ob der Himmel Sommersprossen hat, so dicht drängten sich die hellen Punkte aneinander. Hier sah ich auch die erste Sternschnuppe meines Lebens. Aber ich darf ja nicht verraten, was ich mir wünschte.

Ich vermisse dich sehr,
deine C.

PS: Anbei ein Bild von mir auf dem Sonnendeck. Im Hintergrund siehst du eine dieser tollen Buchten, und wenn du ganz genau hinschaust, auch eine kraxelnde Bergziege.

E-Mail an Helena, 13. August 14.41 Uhr
Liebe griechische Freundin,

wie schön zu hören, dass es dir so gut geht! Ich möchte bald die ganze romantische Geschichte erfahren!

Was meine betrifft, so habe ich deinen Rat befolgt und einfach alles auf mich zukommen lassen. Es war eine unglaublich schöne Zeit. Erendiz und ich – wir haben stundenlang geredet und abends an Deck liegend in die Sterne geschaut. Ich könnte dir viele kitschige Sachen schreiben, aber ich denke, du kannst dir die Szenerie in etwa vorstellen. Du kennst die türkischen Männer ja nun auch sehr genau und bist wahrscheinlich wie ich fasziniert von ihrer romantischen Ader. Die geht Tom zum Beispiel ziemlich ab.

Helena, eins wollte ich dich noch fragen. Ich dachte, wenn ich schon mal hier bin, sollte ich kurz mal nach Kos rüberfahren, um mein Visum zu verlängern. Dann kann ich mir diesmal die Fahrt mit dem Zug bis zur griechischen Grenze sparen. Und wenn ich schon mal da bin, könnte ich mir ein paar Tage die Insel anschauen. Hast du einen Tipp für mich?

Danke schon mal!

Und liebe Grüße aus dem Paradies!

C.

PS: Anbei ein Bild von mir mit Erendiz auf dem Sonnendeck. Im Hintergrund siehst du eine dieser tollen Buchten, und wenn du ganz genau hinschaust, auch eine kraxelnde Bergziege.

Antwort von Tom, 14. August, 8.20 Uhr

Mein Schatz,

wie gern wäre ich mit dir auf dem Schiff gewesen! Sieht toll aus! Und du wirkst so glücklich auf dem Foto! Es ist schön zu wissen, dass es dir gut geht!

Wir müssen aber nicht mehr so lange leiden! Ich habe

einen Flug gebucht für Anfang September. Dann bist du doch wieder in Istanbul? Ich kann leider nur ein Wochenende bleiben. Aber immerhin!

Ich zähle die Tage,

dein T.

PS: Die Luft wird dünner, Erik und Katie sind schwanger! Anbei ein Bild von Hans und Simone mit dem neugeborenen Lucas, das ich auf ihren Wunsch an dich weiterleite.

PPS: Habe Widerspruch gegen Ausweisungsbescheid eingelegt.

Antwort von Helena, 18. August, 0.03 Uhr

Liebe deutsche Freundin,

ich habe eine Tante auf Kos. Die musst du besuchen! Sie hat eine kleine Pension am Südende der Insel. Im Moment ist zwar Hochsaison und kein Apartment mehr frei. Aber du kannst im Zimmer ihrer Tochter schlafen, also meiner Cousine, die ist gerade nicht da. Aber wahrscheinlich wirst du nicht lange bleiben wollen. Dein Erendiz kann ja nicht mitkommen – ohne Visum.

Ich wünsche dir trotzdem viel Spaß! Es ist sehr schön da!

Helena

Mail von Heike, 22. August, 16.02 Uhr

Liebe Cornelia,

ich erreiche dich telefonisch nicht. Hoffentlich liest du deine Mails. Hier gibt es Ärger. Gestern stand die Nachbarin vor der Tür, die Frau aus dem Erdgeschoss, und hat tierisch rumgezetert. Ich habe nicht verstanden, was sie wollte (obwohl mein Türkisch eigentlich schon Fortschritte gemacht hat, dachte ich). Ich habe ihr gesagt, sie solle es aufschreiben. Aber sie hat mit dem Kopf geschüttelt. Vielleicht kann sie nicht schreiben? Analphabetentum ist hier ja nicht selten.

Und dann frisst auch die Katze nicht mehr.

Was soll ich tun?

Melde dich doch mal!

Danke!

Heike

Mail von Helena, 24. August, 12.33 Uhr

Liebe C.,

Alarm! Meine Mutter kommt Mitte September. Sie will unbedingt meinen Freund kennenlernen. Aber in meiner WG kann sie unmöglich wohnen. Und wenn sie in ein Hotel gehen soll, nimmt sie garantiert eins in meiner Straße. Kann sie vielleicht bei dir unterkommen? Du hast doch Platz. Und dann wäre sie auch schön weit weg.

Sag ja! Bitte!

Verzweifelt:

Helena

PS: Hast du meine Tante auf Kos besucht? Ist schön da, nicht wahr?

September
– Es brennt! –

„Das Fasten ist ein Schutz. So soll der, der fastet,
keine unzüchtigen Reden führen und sich nicht
töricht verhalten; und wenn jemand ihn bekämpft
oder ihn beschimpft, soll er zweimal sagen: ‚Ich faste.'"

(MOHAMMED ÜBER DAS FASTEN)

ERST MÖCHTE ICH den Weckruf ignorieren. Natürlich, der Muezzin, mit seinem hohen, klagenden Gesang, ständig die immer gleichen Sätze wiederholend. Doch irgendetwas ist anders heute. Warum, so frage ich mich, während ich unwillig das Reich der Träume verlasse, steht der Muezzin eigentlich mitten in meinem Zimmer? Warum trägt er ein Nachthemd und sieht aus wie Efgenia, die Mutter von Helena? Und warum ruft er nicht auf Arabisch zum Gebet, sondern auf Englisch: „Fire"?

F I R E ? !

Ich schrecke hoch, versuche die Situation zu erfassen, dann dämmert es mir langsam und ich falle erleichtert zurück auf die Matratze.

„Das ist doch nichts Neues, Efgenia! Es brennt seit Tagen!"

Die Zeitungen sind voll davon. Halb Griechenland ist schon abgebrannt. Sogar das antike Olympia war von den

Waldbränden bedroht, konnte aber gerade noch so gerettet werden. Ich wundere mich, warum Helenas Mutter jetzt erst davon erfahren hat. Vermutlich war sie die letzten Tage so sehr damit beschäftigt, sich die anstehende Hochzeit ihrer Tochter auszumalen, dass sie bis zu diesem Moment nicht dazu gekommen ist, die Nachrichten zu sehen. Ich verstehe sehr gut, dass es Efgenia nahegeht, wenn ihre Heimat brennt. Aber ich möchte dann doch gern weiterschlafen.

Informationen gelangen schneller ins Gehirn, wenn mehrere Sinne gleichzeitig angesprochen werden – wenn man also nicht nur hört, sondern auch riecht und sieht. Erst rieche ich es: Es ist der Geruch von verbranntem Holz und Gummi. Dann sehe ich es: Vor dem Fenster ist es viel zu hell dafür, dass der Muezzin noch gar nicht gerufen hat. Und dann höre ich auch schon wieder Helenas Mutter. „Fire! Fire!", brüllt sie nun aus dem Fenster, um auch die Nachbarn zu alarmieren. Ich bin mit einem Satz auf den Beinen.

In Extremsituationen zeigt sich, was wirklich wichtig ist. Die Arbeit ist es. Ich greife hektisch den Laptop und die Kassetten mit den Interviews und lasse sie in meinen Rucksack fallen. Ich packe panisch den Pass dazu. Ich schnappe mit rasendem Herzklopfen den Ring, den Tom mir zur Verlobung geschenkt hat, und die Kette, die mir Erendiz in Bodrum kaufte. Ich nehme hastig zwei meiner teuersten Paar Schuhe und mein Lieblingskleid und stopfe sie in den Beutel. Doch dann drängt die Furcht zur Flucht. Wer weiß, ob das Feuer nicht schon im Hausflur steht! Es hat seit Monaten nicht geregnet, und das Gestrüpp im Hof ist völlig ausgetrocknet. Ich schultere meinen Rucksack, klemme den ängstlichen Kater unter den Arm und will gerade Helenas Mutter zur Eile drängen, als diese plötzlich Entwarnung gibt. „Es ist vorbei!", ruft Efgenia vom Fenster aus. Ich laufe zu ihr und schaue hinunter in den Hof. Tatsächlich. Offensichtlich hat Helenas Mutter mit ihrem Geschrei die ganze Nachbarschaft mobilisiert, so dass die all ihre Wasserkanister aus dem Fenster geschüttet und das Feuer damit gelöscht hat.

Unter mir baumeln die vermutlich einzigen Opfer, die es zu beklagen gilt: meine Dessous. Da man Wäscheleinen hier lieber unter dem Fenster anbringt statt auf dem Balkon, hängen die Sachen immer ohne Auffangschutz im Freien, weshalb die Funken leichtes Spiel mit meiner Unterwäsche hatten. Sogar die Klammern haben sich aufgrund der Hitze ein wenig verformt.

Ich hole die Wäsche rein und lege sie auf den Tisch im Wohnzimmer. Sie soll uns vor Augen führen, dass es kein Traum war. Denn so fühlen wir uns jetzt – wie nach dem Erwachen aus einem furchtbaren Alptraum.

Helenas Mutter hat die Flasche Rakı aus dem Eisfach genommen und zwei Wassergläser bis zum Rand damit gefüllt. Uns ist heute nicht danach, den Schnaps, den Efgenia immer nur Ouzo[1] nennt, wie sonst mit Wasser zu verdünnen. Helenas Mutter stürzt das Glas auf einmal herunter, und ich tue es ihr nach. Dann lassen wir uns auf die Kissen meines Diwans fallen und schauen uns eine Weile sprachlos an.

Das zweite Glas erhebe ich auf meine griechische Mitbewohnerin und danke ihr, dass sie im Schlaf das Feuer überhaupt bemerkt hat. Ich wäre wahrscheinlich erst davon aufgewacht, wenn meine Bettdecke gebrannt hätte.

Und auch da bin ich mir nicht so sicher. „Du solltest als menschlicher Rauchmelder zurück in deine Heimat gehen und der Feuerwehr beim Aufspüren neuer Brandherde helfen", scherze ich.

Doch Helenas Mutter ist nicht nach Scherzen zumute. „Ich war noch wach", erklärt sie müde.

„Konntest du wieder wegen der Hitze nicht schlafen?"

„Nein", sie wendet den Blick von mir ab und fixiert das Muster des Sofakissens. Dann sagt sie abwesend: „Ich war gerade dabei, mir das Leben zu nehmen."

Ich halte die Luft an und mein Herz rast, als wäre es erneut in Lebensgefahr. Es ist die zweite Situation in dieser Nacht, die mich vollkommen überfordert. Ich nehme Efgenias Hand.

„Aber warum nur? Warum?"

„Ich habe meinen Schwiegersohn kennengelernt." Ich finde es reichlich übertrieben, den Mann, mit dem ihre Tochter gerade mal drei Wochen lang verkehrt, als Schwiegersohn zu bezeichnen, und noch viel mehr, dass man sich seinetwegen das Leben nehmen möchte. Bülent ist ein anständiger Kerl, ein bisschen langweilig vielleicht, aber auf alle Fälle harmlos, sehr verliebt in Helena und von daher doch eigentlich der perfekte Schwiegersohn, wenn man ihn denn unbedingt schon so nennen muss. Was das Problem sei, möchte ich wissen.

„Er ist so klein." Efgenia schluchzt in ihr Taschentuch, und ich danke Gott, dass sich meine Mutter noch nicht das Leben genommen hat: Murat ist nicht kleiner als Tom.

Doch dann präzisiert Efgenia: „Charakterlich, meine ich. Er macht sich so klein, er hat kaum Selbstbewusstsein. Das passt nicht zu meiner starken Helena."

Man könnte sicher darüber diskutieren, ob sich in

einer Partnerschaft die Charaktere besser ergänzen oder ähneln sollten. Doch ein Grund sich umzubringen ist Efgenias Beobachtung ganz bestimmt nicht. Der kommt jetzt.

„Und", nun brechen die Tränen ungehemmt aus ihr heraus, „er ist ein Türke!"

Fast hätte ich gesagt, was in diesem Fall gesagt werden muss, irgendetwas im Sinne der Völkerverständigung. Aber dann wird mir auf einen Schlag klar, dass ich diesen griechisch-türkischen Ressentiments gerade mein Leben zu verdanken habe. Also halte ich den Mund.

Ich lasse mich zurück in die Kissen fallen und schließe die Augen. Menschen, die dem Tod schon einmal ganz nah waren, berichten, dass sich vor dem inneren Auge Szenen ihres Lebens im Schnelldurchlauf abspulen. Bei mir, die ich um Haaresbreite Opfer eines Brandes geworden wäre und genauso knapp dem Schicksal entkommen war, Zeugin eines Selbstmordes gewesen zu sein, sind es die Ereignisse der letzten zwei Wochen, die sich in meinem Kopf noch einmal aneinanderreihen – zu einer Art Trailer, wie im Kino. Es ist kein lustiger Film, der hier zusammengefasst wird. Eher ein Melodram: mit einer Frau zwischen zwei Männern, einer bösen Nachbarin und dem griechisch-türkischen Konflikt als das, was dem zugegebenerweise ziemlich banalen Plot dann etwas Tiefgründigkeit verleihen soll.

Es fing direkt nach meiner Rückkehr aus Bodrum an. Das Geräusch meines Rollkoffers hatte die Nachbarin alarmiert. Erst sah ich die Silhouette hinter der Gardine, dann stand sie schon im Hausflur. Während ich den schweren Koffer die Stufen hochhievte, kam mir vom Treppenabsatz ein Schwall von Beschimpfungen entgegen. Ich verstand zwar kein Wort, aber die Aggression war deutlich zu spüren. Ich brauchte einen Dolmetscher. In meiner Not fiel mir kein besserer ein als Murat, der Makler. Seine Nummer hatte ich noch im Handy.

Murat war sehr erfreut, von mir zu hören, aber weniger darüber, dass ich das Handy gleich weiterreichte. Das Mobiltelefon nach einer kurzen Begrüßung sofort weiterzugeben ist übrigens eine typische Istanbuler Lösung für sämtliche Sprachprobleme mit Ausländern. Wenn der Taxifahrer, der Kioskbesitzer oder der Sesamkringelverkäufer nicht verstehen, was man von ihnen möchte, greifen sie zum Handy, wählen die Nummer eines Freundes, Onkels oder Bruders, der zumindest Englisch, wenn nicht sogar Deutsch spricht, erklären kurz die Situation und reichen das Handy dem Ausländer weiter, der dann mit dem Sprachkundigen verhandelt, welcher dann wiederum dem Handybesitzer erklärt, was der Ausländer begehrt. Wenn man so will, haben die Türken die Übersetzerfunktion des Handys schon entdeckt, bevor die Hersteller sie überhaupt in ihre Geräte integrieren konnten.

Während die Nachbarin mit dem Makler telefonierte, wechselte ihre Gesichtsfarbe von Tomatenrot auf Käseweiß, um gegen Ende wieder die Farbe eines gut durchgebackenen Fladenbrotes anzunehmen. Dann reichte sie mir mein Telefon und verschwand wortlos in ihre Wohnung. Ich schleppte den Koffer in die meine, begrüßte Yoldan, der tatsächlich erschreckend dünn aussah, packte meinen Koffer aus, füllte die Waschmaschine. Und nebenbei erklärte mir der Makler, was die Nachbarin dermaßen aufgebracht hatte. Um es kurz zu machen: Es waren die Männerschuhe vor meiner Tür.

Einer alleinstehenden, unverheirateten Frau, so denken offensichtlich viele Istanbuler, ziemt es sich nämlich nicht, Männerbesuch zu empfangen. Tom war der Erste, der das Missfallen der Nachbarin erregt hatte. Und dann hatte Heike ihre gemeinsamen Lernnachmittage mit ihrem schwedischen Mitschüler immer häufiger bis in die Nacht und zum nächsten Morgen ausgedehnt, so dass seine Sandalen in Schuhgröße 48 schließlich wochenlang vor meiner Wohnungstür standen. Das ging der Nachbarin endgültig zu weit.

Dem Makler war die Angelegenheit sichtlich peinlich. „Ich vermiete sonst in anderen Stadtteilen", hatte er gesagt, „da sind die Leute nicht so konservativ. Ich hätte Sie zumindest warnen sollen, diese Auffassungen sind ja nicht selten in Istanbul anzutreffen."

Ich fragte Murat, wie er die Nachbarin hatte beruhigen können. Er drückste ein wenig herum. Dann sagt er kleinlaut: „Ich habe ihr versprechen müssen, dass Sie keinen Männerbesuch mehr empfangen werden, solange Sie in der Wohnung wohnen."

„Wie bitte?!"

Ich fasste es nicht. Wie konnte ein Makler so über mein Liebesleben bestimmen? Murat beeilte sich, zu erklären: „Sie sitzen am kürzeren Hebel. Die Nachbarin wohnt schon sehr lange da und hat angedroht, sich beim Hauseigentümer zu beschweren. Der sieht dann in erster Linie, dass Sie sowieso nur ein paar Monate bleiben, die Nachbarin aber vermutlich bis an ihr Lebensende. Um des Friedens willen setzt er dann eher Sie vor die Tür."

Also musste ich umziehen. Nicht ganz. Aber für die Tage, zu denen Tom sich ankündigte, packte ich meine Sachen und zog mit ihm ins Hotel. Ich empfand es als Demütigung, mich mit meinem Verlobten in einer billigen Absteige verstecken zu müssen. Aber ehrlich gesagt, hatte ich es nicht besser verdient.

Nach meinem Sommer in Bodrum war klar, dass es zwischen mir und Tom nicht mehr so sein würde wie früher. Natürlich hatte er gemerkt, dass da etwas zwischen uns stand. Und dass es nicht mehr so winzig und harmlos war, dass man es einfach wegplappern konnte. Zum Glück gab sich Tom mit der Ausrede zufrieden, dass diese Fernbeziehung für mich einfach sehr schwierig sei, ich mit den langen Pausen nicht klarkäme, der Sehnsucht und der Einsamkeit. Irgendwie war das auch nicht gelogen. Unser Hotel lag in Sultanahmet. Tagsüber bewegten wir uns zwischen all den alten Gebäuden, und des Nachts hoffte ich, dass unsere Beziehung nicht bald so werden würde wie sie: vom Verfall bedroht, Geschichte halt.

Als Tom weg war, kam Efgenia, Helenas Mutter. Da sie keine Männerschuhe trug, hatte ich wenig Bedenken, sie in meine Wohnung aufzunehmen. Nun gut, sie war eine Griechin, und somit auf andere Art heikel. Zur Sicherheit impfte ich ihr ein, im Treppenhaus keine griechischen Schlager zu singen, und als sich die Nachbarin uns einmal in den Weg stellte, gab ich Efgenia ihr gegenüber als meine deutsche Mutter aus. Die Nachbarin lächelte erleichtert, vermutlich hoffend, dass mit der Mama auch die Moral Einzug halten werde in meine Wohnung, und störte sich kein bisschen daran, dass ich mit meiner vermeintlichen Mutter Englisch sprach.

Efgenia also zog bei mir ein und mit ihr ein ausgewachsenes Mutter-Tochter-Problem. Den ersten Tag saß sie traurig am Fenster, jammerte, dass ihre einzige Tochter sie nach Asien abgeschoben habe, und fixierte das Telefon wie ein junges Mädchen, das auf den Anruf des Geliebten wartet. Am zweiten Tag erzählte sie mir in aller Ausführlichkeit aus dem Leben Helenas, so dass ich schon glaubte, Efgenia wolle bei mir eine Biographie über ihre Tochter in Auftrag geben. Wie Helena schon als Kind Kleider für ihre Puppen nähte. Wie sie mit 14 die ganze Verwandtschaft mit selbst entworfenen Jacken und Hosen beglückte. Wie bravourös sie die Aufnahmeprüfung an der Modeschule bestand. Und wie gespannt ihre Eltern nun auf den Mann waren, den sie gewählt hat. Ich hatte bisher das Phänomen der Sultansmütter am Beispiel von Gizem schon ein wenig studieren können. In der Türkei, das bestätigten mir diverse Schwiegertöchter, ist das Verhältnis zwischen Sohn und Mutter ein ausgesprochen inniges. Hier nun hatte ich es mit einer anderen Spezies zu tun: der griechischen Mutter einer über alles geliebten Tochter, nennen wir sie die Göttinenmutter und erinnern uns an Demeter, die so traurig darüber war, dass Hades ihre Tochter in die Unterwelt entführt hatte, dass sie den Pflanzen verbot, zu wachsen, und den Tieren, sich zu vermehren. Und mir wurde klar, warum es mit den Türken und Griechen einfach nicht klappen konnte: Binationale Ehen sind allein schon deshalb unmöglich, weil sich Sultansmutter und Göttinenmutter bei den Hochzeitsvorbereitungen die Augen auskratzen würden und das Fest dann abgesagt werden müsste.

Und nun also das Feuer. Und eine Selbstmordkandidatin, die, statt sich das Leben zu nehmen, meines rettet. Und hässliche Brandflecken in meinen Dessous aus Paris. Mir bleibt im Moment nicht viel erspart.

Paukenschlag!

Unter dem Fenster ziehen Musikanten vorbei, es ist sehr laut. Hatte vielleicht doch noch jemand die Feuerwehr gerufen und diese statt des Löschtrupps ihre Kapelle geschickt? Ich schaue auf die Uhr. Es ist vier Uhr in der Früh.

Helenas Mutter klärt mich auf: „Ramazan fängt heute an."[2] Die Musiker wecken die Gläubigen, bevor der Muezzin es tun kann, damit sie sich noch vor seinem Ruf stärken können für den Tag. Sie dürfen nach dem Frühstück vor Sonnenaufgang nämlich erst wieder etwas zu sich nehmen – Essen, Getränke, Zigaretten, die Ehefrau –, wenn die Sonne untergeht. Doch das sind nur die äußerlichen Einschränkungen. Daneben sollen die Gläubigen sich die ganzen dreißig Tage des Ramazan von Sünde frei halten und von vermeintlichen Abhängigkeiten lossagen. Fasten, so heißt es, fördert die Selbstbeherrschung sowie die Konzentration auf das Wesentliche, es schärft das Gewissen und vergrößert die Widerstandskraft. Der Ramazan ist eine Zeit der Besinnung und Beherrschung – im Prinzip also genau das, was ich jetzt brauche. Ich beschließe spontan, ebenfalls zu fasten. Ich werde Buße tun, mich von Sündigem fernhalten und auf das Wesentliche konzentrieren – auf meine Arbeit und meine Beziehung zu Tom. Hoch motiviert stürze ich den letzten Rest aus dem Wasserkanister auf einmal hinunter, als könne ich damit all meine Leidenschaften löschen wie zuvor die Nachbarn das Feuer im Hof.

In glücklichen Tagen gab es für Tom nur einen Feind unserer harmonischen Beziehung: die Hypoglykämie, Unterzuckerung auf Deutsch. Die schlich sich heimtückisch an zwischen dem sonntäglichen Aufwachen und dem sonntäglichen Frühstück – was bei einem verliebten Paar schon eine Weile dauern kann – und ließ aus heiterem Himmel ein Gewitter herniederbrechen. Die Wesensveränderung, die Tom dann an seiner Freundin konstatierte, muss ihn so nachhaltig erschüttert haben, dass er fortan immer mit einem Marmeladenbrötchen und einer Tasse stark gesüßten Kaffees bereitstand, sobald die Unterzuckerung ihre ersten Symptome überhaupt ausleben konnte.

Aber Tom ist weit weg, und die Unterzuckerung da. Und zwar nicht nur sonntags um zwölf, sondern täglich um neun. Gegen vier bin ich aufgestanden, kurz bevor der Muezzin mich ohnehin geweckt hätte. Das frühe Aufstehen fällt mir nicht schwer, da der Ruf zum Morgengebet jetzt, wo die Nächte wieder länger werden, immer ein wenig später erklingt, meine innere Uhr aber noch auf die Tage davor geeicht ist und mich beizeiten wach macht. Nach dem Aufstehen koche ich mir einen Kaffee, esse so viel, wie ich zu dieser frühen Stunde essen kann, und trinke einen halben Kanister Wasser. Anschließend arbeite ich so lange, bis mir die Energie ausgeht – in der Regel vier, manchmal fünf Stunden. Dann schlägt die Hypoglykämie gnadenlos zu, und der arme Yoldan verkriecht sich in seiner Ecke.

Doch die Unterzuckerung ist noch harmlos im Vergleich zu dem, was wenig später folgt: Gegen Mittag schlägt die Dehydrierung zu. Es brennt. Diesmal tief in meinem Inneren. Unaufhaltsam breitet sich das Feuer aus, vernichtet alle restlichen Energien wie die Flammen den griechischen Wald. Nicht ohne Grund, so erfahre ich gerade schmerzlich am eigenen Leib, heißt Ramadan aus dem Arabischen übersetzt so viel wie „brennende Hitze" und „Trockenheit".

Ich kann nicht mehr. Ich beobachte, wie der Kater Wasser aus seinem Napf schleckt, und möchte ihm den Hals umdrehen. Ich gieße die Blumen auf dem Balkon und schaue neidisch zu, wie die Erde das Wasser aufsaugt. Bevor der Mann mit den Wasserkanistern durch die Straße zieht, schließe ich das Fenster, damit ich seine Rufe nicht hören muss. Irgendwann liege ich nur noch apathisch auf meinem Diwan und träume vom Wasser. Stunden lang hänge ich da herum. Niemand stört mich. Ich habe das Handy ausgestellt und den Stecker aus dem Telefon gezogen. Frau Ö. wird sich ohnehin nicht melden. Bis Ende des Monats ist sie noch in Bodrum. Tom schreibt allenfalls vorsichtige Mails, die ich, so lautet seine Anweisung, erst nach dem Fastenbrechen lesen und beantworten darf. Nur Erendiz war beunruhigt darüber, dass er mich nicht erreichen kann. Eines Tages stand er unvermittelt vor meiner Tür. Ich war so überfordert von seinem Erscheinen, dass mir in dieser Situation nichts Besseres einfiel, als zu tun, was Mohammed den Fastenden einst riet, die sich bedroht fühlen. „Ich faste! Ich faste!", rief ich also hysterisch und schlug dem verdutzten Erendiz die Tür vor der Nase zu.

Wahrscheinlich habe ich mit meinem Ramazan nicht nur Erendiz vor den Kopf gestoßen, sondern alle meine türkischen Freunde. Sie können nicht verstehen, dass ich mich mit den Moslems solidarisch erkläre, mit den anatolischen Einwanderern, die mit ihrer Sippe auch den Islam nach Istanbul eingeschleppt haben wie einen Virus, der sich unaufhaltsam über die ganze Stadt ausbreitet und diese sich dadurch immer mehr ihrer selbst entfremdet. Es ist nicht die arglose Arroganz, die etwa deutsche Großstädter den Leuten aus der Provinz gegenüber an den Tag legen, wenn der Istanbuler über die Einwanderer aus dem eigenen Land spricht. Es schwingt immer etwas Feindseligkeit mit und zeigt die tiefe Zerrissenheit dieses Landes: die Kemalisten auf der einen Seite, die Islamisten auf der anderen. Dazwischen gibt es so gut wie nichts. Wenn ich dann hier und da mal einwarf, dass die jetzige Regierung doch, ebenso wie einst Atatürk, die Anbindung an den Westen verfolge, dass ein modernes, islamisches Land vielleicht auch eine Chance sei oder dass eine Staatsstruktur, die dem Militär eine so tragende Rolle zugestehe, vielleicht, selbst wenn Atatürk sie geschaffen hat, einmal überdacht werden könne, dann erntete ich oft misstrauische Blicke. Jetzt aber, mit meinem Ramazan-Fasten, bin ich meinen türkischen Freunden erst recht suspekt geworden.

Doch in diesen Tagen ist mir das ziemlich egal. Mich interessiert viel mehr, wann ich wieder etwas essen darf. Wann endlich – ich hätte nie gedacht, dass ich darauf einmal so sehnsüchtig warten sollte – der Muezzin singt. Sein baldiger Ruf zum Sonnenuntergang kündigt sich durch die Türklingel der Nachbarin an, bei der sich jeden Abend die gesamte Familie zum gemeinsamen Fastenbrechen einfindet. In immer kürzeren Abständen schallt sie durch das Haus. Wenn es in etwa alle zehn Sekunden schellt, ist es höchste Zeit, den Kühlschrank auszuräumen. Dann geht es gleich los. Und wenn der Muezzin endlich singt, trinke ich nach traditionellem Fastenbrauch erst ein Glas Wasser und schiebe mir eine Dattel in den Mund, um dann so lange zu essen, bis ich satt bin.

Doch heute, nach nunmehr fünf Tagen Ramazan, möchte ich nicht allein sein beim Fastenbrechen. Ich muss wieder unter Menschen. Ich könnte bei der Nachbarin klingeln. Ich könnte zum „Iftar“ [3] in ein Restaurant gehen. Ich könnte aber auch nach Sultanahmet fahren, wo das

Fastenbrechen am Fuße der Blauen Moschee in großen Zelten öffentlich zelebriert wird. Ich entscheide mich für Letzteres.

Als hätte jemand das Tempo der Stadt gedrosselt. Alles bewegt sich etwas langsamer als sonst: die Fußgänger, die Taxis, die Busse, die Fähren. Auch ich haste nicht wie sonst durch die Straßen, in dem Tempo, das mich von den flanierenden Touristen unterscheiden soll. Wie sie bummele ich nun über das Pflaster, nur dass mein Blick, statt auf den Bosporus, auf den Boden gerichtet ist.

An Tagen, an denen mich weder die Dehydrierung noch die Hypoglykämie quälen, ist die Fährfahrt das reinste Vergnügen. Ich setze mich dann mit einem Glas Tee unten an die Reling, da, wo man dem Meer, Deniz sagt man hier, am nächsten ist. Ich amüsiere mich über das Defilee der Kormorane auf der langen Mole, die dort ihre Flügel zum Trocknen ausbreiten und dabei immer ein bisschen aussehen wie kleine Exhibitionisten mit offenem Mantel. Ich betrachte die Eskorte der Möwen, die ihr Tempo dem des Schiffes anpassen und in der Luft zu stehen scheinen. Ich lasse den Blick schweifen über die weite See und die Silhouette von Sultanahmet mit ihren berühmten Kuppeln und Minaretten, atme die frische Meerluft tief ein und nehme einen Schluck herrlich süßen Tees. Und während mein Blick immer verklärter wird, die Gesichtszüge entspannter, wächst das Gefühl in mir, in der schönsten und großartigsten Stadt der Welt zu leben.

Nicht nur mir geht es so. Selbst der härteste Istanbullu wird an Bord dieser Fähren von seiner Stadt überwältigt. Stumm genießt er den Ausblick. Kaum einer, der Zeitung liest, telefoniert oder laut palavert. Man schaut leicht entrückt auf das Meer und meditiert. Längst sind die Fähren mehr als nur ein Transportmittel. Sie sind die Therapeuten, Istanbul der Patient und täglich zwanzig Minuten Fährfahrt das Rezept dagegen, dass die Stadt irgendwann durchdreht und zusammenbricht.[4]

Doch heute kann ich die Fährfahrt nicht genießen. An der Reling frösstele ich, also setze ich mich nach drinnen. Auf der Bank gegenüber hat sich eine Frau mit Kopftuch langgemacht und schläft. Der Mann mit dem Tablett voller Teegläser kommt. Ich wende den Blick ab und schaue durch das schmierige Fenster, hinter dem sich die Altstadt langsam ins Bild schiebt. Ich blicke auf die Schornsteine der Küche vom Topkapı-Palast und mir läuft das Wasser im Mund zusammen: Hier haben einst die besten Köche des Osmanischen Reichs für den Sultan oft bis zu hundert verschiedene Speisen pro Tag bereitet. Dann sehe ich die berühmten Moscheen, die mich heute, hungrig wie ich bin, an knusprige Brathähnchen erinnern, während die Minarette ringsum wirken wie das aufgestellte Besteck ungeduldiger Gäste, die es kaum erwarten können, endlich loszulegen. Ich kann nichts dafür, ich muss ständig ans Essen denken.

An der Straßenbahn sind alle Drehkreuze geöffnet, wie zuvor schon an der Fähre, weshalb ich einen technischen Defekt, dem ich die freie Fährfahrt zu verdanken glaubte, ausschließe. Vermutlich möchte die Stadtverwaltung die Fastenden dazu bewegen, das Auto stehen zu lassen, mit dem sie sonst während des Ramazan häufiger als sonst einen Stau oder einen Unfall verursachen. Statistiken belegen eindeutig eine erhöhte Unfallwahrscheinlichkeit während des Fastenmonats. „Wenn Sie im Ramazan ein Taxi nehmen, fragen Sie bitte erst, ob der Fahrer fastet", hatte mir Frau Ö. noch mit auf den Weg gegeben, als ich Bodrum verließ. „Die fahren jetzt nämlich noch schlimmer als sonst."[5]

Ich muss an einen Weihnachtsmarkt denken, als ich auf dem Rossplatz stehe, der sich unterhalb der Blauen Moschee erstreckt. Bunte Buden reihen sich aneinander. Es gibt Zuckerwatte und Kandiertes, bunte Lutscher und siruptriefendes Gebäck. Nippes wird verkauft und Handgemachtes. An einem der Stände kann man sich ein Sultansgewand umhängen, einen Turban auf das Haupt setzen und so verkleidet fotografieren lassen. Der Andrang ist groß.

In den Zelten, die auf großen Tafeln mit ihrem Iftar-Menü werben, wird es auch langsam voll. Die Tische sind gedeckt. Wasser, Brot und Ayran[6] stehen schon griffbereit in deren Mitte. Ich kann mich nicht entscheiden zwischen den vielen Zelten und nehme schließlich jenes, das schon sehr gut besucht ist. Der Kellner begrüßt mich so überschwänglich wie überrascht und weist mir einen Platz auf einem niedrigen Hocker und neben einer fünfköpfigen Familie zu. Ich schaue auf die Uhr. Heute wird um 19.21 Uhr der Muezzin singen.

Noch 13 Minuten. Der Kellner stellt jetzt schon die Suppe vor uns hin, die uns duftend entgegendampft. Ich frage mich, ob dies ein Test unserer Standhaftigkeit sein soll, unserer Liebe zu Allah.

Noch 12 Minuten. Wir schauen auf die Suppe. Nur der kleine Junge neben mir darf schon essen. Er ist noch nicht in der Pubertät und damit vom Ramazan befreit. Seine größere Schwester beobachtet müde, wie er sich die Suppe in den Mund löffelt.

Noch 10 Minuten. Um von dem essenden Kind abzulenken, fangen die Eltern des Jungen ein Gespräch mit mir an. Ob ich denn auch faste, wollen sie wissen. Als ich das bejahe, nicken sie anerkennend und lächeln mich an. Dann schauen sie wieder auf die Suppe.

Noch 8 Minuten. Am Nebentisch ist ein älterer Herr im Sitzen eingedöst und sein Kopf kippt langsam vornüber. Bevor er in der Suppe landet, stößt ihn die Tochter in die Seite und er fährt irritiert auf.

Noch 7 Minuten. Der kleine Junge möchte noch eine Suppe und wird von seinem Vater strafend angeschaut.

Noch 6 Minuten. An unseren Tisch werden zwei Japaner platziert, Touristen, die nur mal schauen wollen, wie man in der Türkei den Ramadan feiert. Neugierig beobachten sie die Szenerie.

Noch 5 Minuten. Die Japaner zücken die Kameras.

Noch 4 Minuten. Der Kellner macht die Japaner darauf aufmerksam, dass sie bitte nicht fotografieren sollen. Daraufhin packen die Japaner die Kameras ein.

Noch 3 Minuten. Die Japaner machen mit ihren Handys heimlich Aufnahmen.

Noch 2 Minuten. Ich habe alles um mich herum ausgeschaltet und konzentriere mich nur noch auf die Suppe. Sie dampft nicht mehr.

Noch 1 Minute. Die Ungeduld ist unerträglich. Es ist ein bisschen wie Silvester: In meinem Bauch bollert es auch schon. Ich spiele mit dem Suppenlöffel.

Dann, endlich, geht es los. Der Muezzin ruft. Doch nicht nur er. Überall um mich herum fangen die Handys an zu klingeln, zu piepen, zu zwitschern. Manche singen sogar wie der Muezzin. Ich habe schon davon gehört, dass man bei seinem Handyanbieter den Ramazan-Weckruf abonnieren kann. Ich hatte aber nicht geglaubt, dass das irgendjemand macht, weiß doch jeder, der fastet, sehr genau, wann er wieder etwas essen darf.

Wir greifen zu den Wasserflaschen und leeren sie in einem Zug. Wir greifen den Ayran und leeren ihn in einem Zug. Wir löffeln die Suppe aus, essen das Schälchen mit dem Kebap leer, das der Kellner ausgeteilt hat, nehmen vom Reis und vom Brot. Wir schaufeln, ohne zu reden. Wer fertig ist, steht auf und verschwindet.

Ich bin enttäuscht. Ich hatte mir ein geselliges Beisammensein erhofft, ein bisschen Musik, Gespräche und meinetwegen auch Gebete. Aber so musste ich an eine Horde Halbwüchsiger denken, die den halben Tag auf dem Bolzplatz verbracht hat, völlig entkräftet bei McDonald's einfällt und sich binnen weniger Sekunden durch das Maxi-Menü futtert, um anschließend frisch gestärkt sofort weiterzukicken.

Nach 7 Minuten. Das Zelt hat sich bis auf wenige Gäste geleert. Die Kellner setzen sich an einen der freien Tische und dürfen nun auch endlich etwas essen. Die Japaner schauen sich interessiert um. Dann fotografieren sie die letzten Brotkrumen auf der Tischdecke.

Anmerkungen zum September

[1] Auch Touristen mögen den Unterschied vielleicht nicht sofort schmecken – im Ouzo sind neben Anis noch weitere Gewürze, im Rakı nicht –, dürften ihn später aber sicher spüren: Der Rakı hat weit mehr Umdrehungen, nämlich 45 bis 50 Volumenprozent, die griechische Variante kommt nur auf schlappe 37,5.

[2] Ramazan heißt Ramadan auf Türkisch.

[3] „Iftar" nennt man das Abendessen zum Fastenbrechen: In vielen Hotels und Restaurants der Stadt werden während des Ramazan Sondermenüs angeboten oder große Büfetts aufgebaut.

[4] Kein Wunder, dass ein Aufschrei durch Istanbul ging, als die Stadtregierung die schönen alten Fähren durch moderne Schnellboote ersetzen wollte, wie sie auf einigen längeren Strecken jetzt auch verkehren – geschlossene Schiffe ohne Reling, in denen man wie in einem Flugzeug sitzt; es ist genauso laut und die Aussicht sogar noch schlechter. Selbst wer einen Fensterplatz hat, sieht nicht viel von der Stadt und dem Meer, weil das Salzwasser die Scheiben mit einer schmierigen Schicht überzieht. Die Istanbuler machten mobil gegen die Pläne der islamischen Stadtregierung, deren Modernisierungszwang in diesem Fall etwas über das Ziel hinausschoss. Es gab eine Bürgerrechtsbewegung, in einem offenen Brief sahen die Initiatoren in der Abschaffung der Fähren einen „Angriff auf unser Lebensgefühl". Die Kommune hatte ein Einsehen: Schließlich durften die alten Schiffe bleiben.

[5] Ich fahre ohnehin nicht gern Taxi in Istanbul, was aber weniger mit dem Fahrstil der Taxifahrer zu tun hat, sondern mehr damit, wie sie mit arglosen Ausländern verfahren. Will man von A nach B, geht es garantiert nicht auf direktem Weg dorthin, sondern über C, D, E und manchmal auch über F. Der Ausländer, der denkt, er sei auf der sicheren Seite, wenn das Taxameter eingeschaltet ist, wird somit gehörig übers Ohr gehauen. Inzwischen, so vermute ich, haben die Taxifahrer der Stadt eigene Touristen-

routen entwickelt: mit vielen, großen Schleifen quer durch Istanbul. Oft war ich im Taxi auf Straßen unterwegs, auf denen sonst nur andere Taxen fuhren. Darin saßen keine ortskundigen Einheimischen, sondern irritiert aus dem Fenster schauende Nordeuropäer. Ich fühlte mich ihnen sehr verbunden und konnte mich gerade noch beherrschen, ihnen zuzuwinken. Gizem ist allerdings der Meinung, dies seien keine Touristen-Schleifen, sondern raffinierteste Abkürzungen, einzig ausgetüftelt für termingestresste Ausländer.

[6] Ayran ist ein ordentlich gesalzenes Erfrischungsgetränk aus Wasser und Joghurt und im Sommer das Beste, das man trinken kann. Man kauft den Ayran meistens fertig im Joghurtbecher oder in der Plastikflasche. Man kann ihn aber auch leicht selber machen: einfach Joghurt und Wasser zu gleichen Teilen schaumig schlagen und ordentlich salzen. In Haushaltsgeschäften gibt es dafür auch Plastikkannen, die ein bisschen aussehen wie überdimensionierte Milchschäumer. Darin geht es besonders schnell.

Oktober
– Eigenartige Vorlieben –

Zwei Frauen laufen die Straße entlang,
im Hintergrund die Hochhäuser Istanbuls.
„Wo hast du Urlaub gemacht?"
„Ich war im Café im 16. Stock vom Einkaufszentrum."
(CARTOON AUS EINER TÜRKISCHEN ZEITUNG)

ES IST ZUCKERFEST, Şeker Bayramı. Wer türkische Verwandte in Istanbul hat, macht sich auf den Weg zu ihnen, beschenkt dort die Kleinen mit Süßigkeiten, küsst den Älteren die Hand und feiert drei Tage und drei Nächte bei gutem Essen und vielen Getränken ausgelassen das Ende des Ramazan – auch wenn man selbst gar nicht gefastet hat.

Wer keine türkischen Verwandten in Istanbul hat, macht sich auf den Weg in ein Café, trifft sich dort mit einer Freundin, die ebenfalls keine Istanbuler Familie besuchen kann, und nimmt das Zuckerfest zum willkommenen Anlass, der Leidenschaft für Süßes nach Herzenslust zu frönen. Am ersten der drei Feiertage treffe ich also Helena bei Öszüt[1] und feiere meinen Sieg über die Hypoglykämie.[2]

„Wie, findest du, sieht das hier aus?" Helena hat den pinkfarbenen Paschmina-Schal von ihrem Hals gewickelt und zeigt auf zwei gerötete Stellen etwa fünf Zentimeter unter ihrem rechten Ohr.

135

Ich fixiere die beiden Punkte. „Als ob du gestern Nacht Besuch von Dracula gehabt und allergisch auf seinen Biss reagiert hättest."

Helena stöhnt auf. „Blutsauger stimmt. Eine Mücke hat mich gestochen. Die Stiche haben sich entzündet, ich musste zum Arzt, und es juckt ganz furchtbar. Aber das ist noch nicht alles." Jetzt flüstert Helena, obwohl ich nicht denke, dass uns hier irgendjemand versteht, schließlich haben wir unseren Vorsatz, miteinander Türkisch zu reden, um die Sprache zu üben, aus Bequemlichkeit schnell aufgegeben. „Das Schlimmste ist, dass Bülent denkt, es wären Knutschflecke!"

„Wie bitte?" Von Gizem habe ich zwar schon gehört, dass türkische Männer besonders eifersüchtig sein sollen. Aber wie kann Bülent allen Ernstes glauben, die verliebte Helena lasse sich mit einem anderen Mann ein, und noch dazu mit einem, der seine Eroberungen mit Knutschflecken markiert wie ein Bauer sein Vieh mit dem heißen Eisen!

„Und nun?", frage ich sie.

„Ich habe zwei Tage lang geschmollt, ihm dann die Leviten gelesen und jetzt ist alles wieder in Ordnung", sagt sie. „Na ja, also fast."

In Ordnung ist ohnehin nichts mehr, seitdem die Göttinenmutter der armen Helena ins Gewissen geredet hat. In der ersten Phase einer Beziehung, der blinden Verliebtheit – die in der Regel, so lehren die Erfahrung sowie die Psychologie, sechs bis zwölf Monate dauert –, wirkt eine griechische Mutter offensichtlich wie ein Katalysator: Es zeigt sich etwas schneller, ob man zueinander passt. Dass Bülent aus einer Mücke einen Liebhaber gemacht hat, ist nichts dagegen. Ich wünschte, Efgenia hätte statt Helena mir den Kopf gewaschen. Meiner Freundin hätte ich die wunderbare, alles Unterschiedliche ausblendende Verliebtheit gern noch eine Weile gegönnt.

„Weißt du, warum die türkischen Männer es so gut verstehen, blumige Komplimente zu machen?"

Ich schüttele den Kopf.

„Die haben alle als Kind mit ihren Müttern diese furchtbar kitschigen türkischen Liebesfilme aus den Siebzigern gesehen. Und zwar so oft, bis sie irgendwann mitsprechen konnten. Wenn sie jetzt ein Mädchen treffen und ihr Komplimente machen wollen, dann tun sie nichts anderes, als zu zitieren."

Ich halte das für eine gewagte These. Was Erendiz auf dem Boot zu mir gesagt hat, kann unmöglich schon mal ein anderer Mann irgendeiner Frau gesagt haben. Doch Helena ist noch nicht fertig.

„Und weißt du, warum die türkische Sprache dieses ganze Flirten noch erleichtert? Bei den vielen Umlauten muss man doch ständig die Lippen spitzen", sie sagt langsam und jede Silbe dehnend ö-zür – Entschuldigung – und ö-pü-cük – Küsschen –, und was sie mit ihrem Mund dabei anstellt, erinnert ein wenig an einen Goldfisch im Aquarium. „Kein Wunder, dass man da tatsächlich gleich küssen will."

Ich muss lachen. Es ist billig, aber ich amüsiere mich gerade gern auf Kosten des türkischen Mannes, hilft es mir doch dabei, Erendiz zu vergessen, ihn als Urlaubsflirt abzutun, der keine Bedeutung hat. Schließlich ist Tom der Mann, den ich liebe und heiraten werde. Während des Ramazan hegte ich daran auch nicht den geringsten Zweifel. Das Feuer in meinem Bauch verschreckte jeden Schmetterling. Allerdings sind ja jetzt kleine Sünden wieder erlaubt. Wie dieser herrlich süße Pudding, den uns Helena bestellt hat. Aber was ist das überhaupt?

„Wonach schmeckt es denn?"

„Nach Milch, ein bisschen nach Karamell."

„Komm, gib dir Mühe! Da ist noch mehr drin."

Ich nehme einen weiteren Löffel, schiebe die leicht faserige Masse auf meiner Zunge den Gaumen entlang und überlasse den Rest den Geschmacksnerven. Aber die sind überfragt. Ich zucke mit den Achseln.

„Manchmal braucht man eben eine Weile, bis man erkennt, worauf man sich da eingelassen hat", sagt Helena. Dann klärt sie mich auf: „Hühnchen, du isst einen Pudding aus Hühnchen!"

Ich war Helena dankbar für ihren Vorschlag, die Biennale zu besuchen. Erendiz hat mir in Bodrum davon vorgeschwärmt und wollte unbedingt mit mir dahin. Jetzt kann ich sagen, ich war schon da. „Pah!", macht Helena. „Die Biennale dauert nicht ohne Grund zwei Monate. Die brauchst du nämlich auch, um wirklich alles zu sehen."

Über die ganze Stadt verteilen sich die Ausstellungen und Aktionen. Die Kunst ist überall: in einem ehemaligen Markt für Textilhändler, in einem zum Museum umgebauten E-Werk, in Lagerhallen nahe dem Bosporus, in einem Kulturzentrum in Kadıköy, und darüber hinaus werden des Nachts an 59 Orten in der ganzen Stadt unter freiem Himmel kleine Filme gezeigt – projiziert an Häuserwände, Parkhäuser, Brückenpfeiler. Wenn wir jetzt ins Kulturzentrum am Taksim-Platz gehen, haben wir nur einen winzigen Bruchteil der Biennale gesehen.

Das AKM, das *Atatürk Kültür Merkezi*, entstand in etwa zeitgleich mit dem Palast der Republik in Ostberlin. Es sollte ebenso ein Symbol sein für die moderne, fortschrittliche Republik, erinnert inzwischen aber – wie der DDR-Bau auch – eher an eine autoritäre Vergangenheit und steht nun vor dem gleichen Problem, mit dem das ostdeutsche Gebäude vor wenigen Jahren konfrontiert war: Man überlegt, das Haus abzureißen. *Yakmalı mı yakmamalı mı?* heißt die Ausstellung – salopp übersetzt: Abfackeln oder nicht? –, und nach meinen Erlebnissen letzten Monat und erst recht nach den Entscheidungen der Berliner in dem ähnlichen Fall würde meine Antwort natürlich „Hayir!" lauten. Nein! Aber ich werde nicht gefragt. Verschiedene Künstler wurden gefragt. Sie nahmen das Schicksal des AKM als Aufhänger für ihre Arbeiten. Wir schauen uns an, was dabei herausgekommen ist.

Bilder eines tristen Moskauer Hotels sehen wir, das abgerissen wurde, kurz nachdem der Fotograf es festhielt. Wir sehen Innenaufnahmen des UN-Gebäudes, das dem AKM auf verblüffende Weise sehr ähnelt. Wir sehen armenische Plattenbauten, die im Meer versinken. Und wir sehen einen Berg in einer großen Vitrine. Ich kann nichts dafür, die Kombination Berg hinter Glas lässt mich automatisch an Profiterol denken. Dabei liegt mir der Hühnchenpudding doch noch schwer im Magen.

Auf der Scheibe steht mit Edding geschrieben, dass es sich bei dem Ausstellungsstück um die letzten 186 Zentimeter des 8848,13 Meter hohen Mount Everest handelt, welche vier chinesische Künstler im August 2005 – wie ein Video zweifelsfrei dokumentiert – mit einer Motorsäge abtrennten. Obwohl der Film in etwa die gleiche Qualität aufweist wie der, in dem Armstrong auf dem Mond steht und winkt, und die Männer hier mindestens ebenso gut verpackt sind wie einst der Astronaut, glaube ich doch, einen meiner Mitschüler erkannt zu haben. Meine Knie werden weich: Sollten meine chinesischen Klassenkameraden womöglich gar keine Makler, Händler oder Ehefrauen sein, sondern chinesische Gipfeldiebe auf der Flucht vor wütenden Tibetern, deren heiliger Berg nun ohne Spitze dasteht?

Doch Helena zieht mich weiter zur Fensterfront, hinter der die Abendsonne den Taksim-Platz in ein wunderbares Licht taucht. Der Platz ist das Herz der Stadt, nicht schön, aber von existentieller Bedeutung: Hier treffen wichtige Straßen aufeinander, beginnen die einzige U-Bahn- und verschiedene Buslinien, macht die kleine historische Straßenbahn ihre Schleife. So viele Menschen sind hier unterwegs, dass man auf den Gedanken kommen könnte, es sei wieder eine Demonstration in Gang.

Demonstriert wird hier tatsächlich sehr oft. Am Ersten Mai sowieso. Und wenn Atatürks Präsidentenposten an einen Islamisten vergeben werden soll, erst recht. Aber auch der Platz selbst wurde schon zum Anlass für Auseinandersetzungen zwischen Kemalisten und Islamisten. Als die islamische Stadtregierung vor einigen Jahren beschloss, eine Moschee auf den Taksim-Platz zu bauen, der von jeher die moderne, säkuläre Republik symbolisiert, war der Aufschrei groß. Wenn jetzt versucht wird, das AKM, das nicht ohne Grund Atatürks Namen trägt, abzureißen, sehen viele darin nur einen weiteren Versuch, das Erbe des großen Staatsgründers zu verscherbeln.

Als wir das AKM verlassen, steht ein Shuttle-Bus zum Santral vor der Tür, dem umgebauten E-Werk, das viele schon enthusiastisch als Istanbuls Antwort auf die Tate Modern in London feiern. Doch Helena ist nicht zu einem Ausflug ans Goldene Horn zu bewegen. „Bülent hat versprochen, sich gegen Abend von seiner Familie abzuseilen", sagt sie entschuldigend. Mir ist es recht. So kann ich zu Hause in aller Ruhe in dem Ausstellungskatalog, den ich mir gerade noch am Ausgang gekauft habe, die Porträts der chinesischen Künstler studieren und, falls es tatsächlich meine Mitschüler sein sollten, mich mit Tom beraten, was zu tun ist.

„Wir könnten das am Mittwoch nachholen", sagt Helena, „da bin ich noch frei."

„Ich aber nicht. Ich bin auf einer Eröffnungsparty."

„Oh! Was wird denn eröffnet?"

„Ein Shopping-Center."

In der Fremde entwickelt man merkwürdige Vorlieben. Ich, zum Beispiel, hege seit einigen Monaten eine für Shopping-Center. Kaum eine Woche vergeht, in der ich nicht im Einkaufszentrum war. Es ist nicht die Lust am Konsum, die mich anzieht. Es ist das Heimweh. Ein Besuch in einem Istanbuler Shopping-Center ist nämlich wie ein Kurztrip in den Westen. Wie am Flughafen fängt es auch an: Wer hinein will, wird von Uniformierten aufgefordert, sein Gepäck durchleuchten zu lassen und durch eine Lichtschranke zu treten. Es ist das letzte Mal, dass man an das Böse dieser Welt erinnert wird, an Bombenleger und an den Kurdenkonflikt. Kurz danach wird man dies und alles andere Unangenehme, mit dem man in Istanbul zuweilen konfrontiert wird, prima ausblenden – die sozialen Schieflagen, den Lärm und das Fremde, die Hitze, den Regen; das Anstrengende am Orient. Start frei also für einen Freiflug in eine andere Welt, eine Welt, in der die Musik gedämpft ist, die Wege sauber und die Waren vertraut sind; wo die Menschen nicht aufdringlich sind, sondern nur umsatzfördernd höflich; wo es nach Pariser Parfüm riecht, nach frisch geröstetem Kaffee und ofenfrischer Pizza statt nach billigem Kölnischwasser, gegrilltem Fleisch und den Abgasen alter Autos. Ich gebe es ungern zu, aber an manchen Tagen weiß ich das sehr zu schätzen. Meine Vorliebe für Shopping-Center macht mich übrigens schon fast zur Türkin: Die Istanbuler lieben ihre glitzernden Konsumtempel im amerikanischen Stil, von denen es hier übrigens besonders viele, besonders große und zum Teil sogar besonders schöne gibt. Am Sonntag zieht es inzwischen mehr Familien in die Mall als ans Meer.

Ich musste also keine Sekunde überlegen, als Gizem mich fragte, ob ich mir ein neues Shopping-Center anschauen möchte. Dass auch Erdoğan erwartet wurde, machte es noch zusätzlich interessant. Ich fand es nicht ungewöhnlich, dass der Ministerpräsident zur Eröffnung eines Einkaufszentrums kommen wollte, waren Shopping-Center in der Türkei doch schon Chefsache: Ministerpräsident Turgut Özal war einst auf einer Texas-Reise so angetan von einem gigantischen Konsumtempel, in dem man nicht nur shoppen, sondern auch Schlittschuh laufen konnte, dass er, zurück in der Heimat, den Bau des ersten türkischen Shopping-Centers veranlasste. Im Jahr 1987 wurde dieses dann in der Nähe des Istanbuler Atatürk-Flughafens eröffnet.

Ich hätte es ahnen können. Natürlich kommt Gizem nicht allein. Natürlich hat sie Erendiz dabei. Es ist unsere erste Begegnung, nachdem ich ihm im Ramazan die Tür vor der Nase zuschlug, und ich lächele ihn schief an. Erendiz trägt einen schwarzen Anzug, die oberen Knöpfe sind geöffnet, und darunter blitzt ein dunkelblauer Schal hervor. Er sieht umwerfend aus. Gizem auch. Ihr langes schwarzes Haar fällt in schweren Locken über ein smaragdgrünes Seiden-kleid, das über den Schultern nur durch lockere Knoten zu-sammengehalten wird. Zu dritt schreiten wir über einen roten Teppich eine Treppe empor und die Kameras sind einzig auf Erendiz und Gizem geheftet. Für mich und meine Kreation von Helena – ihre erste praktische Arbeit im Fachbereich Modedesign an der Istanbuler Uni – in-teressiert sich kein Fotograf. Es ist auch besser so: Dank des Ramazan[3] schlägt das blaue Kleid auf meinem Kör-per Wellen wie der Bosporus, nur sieht es leider weniger schön aus.

Mit einem Glas Champagner in der einen Hand und die andere als Wellenbrecher auf der Hüfte, halte ich nach dem Premierminister Ausschau. Doch Erdoğan ist nicht zu sehen. Sollte ich mich verhört haben? Meinte Gizem Erendiz, und ich habe Erdoğan verstanden?

Ich habe mich nicht verhört. „Erdoğan hat abgesagt", er-klärt Gizem. Es ist die zweite Enttäuschung dieses Abends.

Die erste war das Shopping-Center. Keinen überdach-ten Konsumtempel betraten wir. Nicht mal unsere Taschen wurden durchleuchtet. Stattdessen standen wir auf einem offenen Platz mit einzelnen Geschäften ringsum. Ich fühl-te mich wie auf dem Marktplatz einer mitteleuropäischen Kleinstadt und nicht wie in der mondänen Shopping-metropole Istanbul.

Erendiz klärt mich auf. „Das war auch die Absicht. Die Architekten wollten keine herkömmliche Mall hier hin-setzen. Sie wollten auf das urbane Umfeld, auf das rasante Wachstum dieser Stadt reagieren."

Ich verstehe nicht. Erendiz zeigt auf die umliegenden Hochhäuser. „Dieser Stadtteil ist ein typisches Beispiel dafür, wie rasant und planlos Istanbul wächst. Früher war hier nichts, nur Gecekondus gab es. Doch dann wurden die beiden Brücken über den Bosporus gebaut. 1973 die erste, 15 Jahre später die zweite. Und auf einmal wurde diese Lage interessant. In einem unglaublichen Tempo wuchsen die Hochhaussiedlungen. Firmen siedelten sich an. Eine Baugenehmigung nach der anderen wurde erteilt. Was dabei aber völlig vergessen wurde, ist ein bisschen Grün, sind Plätze, auf denen sich die Menschen treffen können, wo die Stadt zur Ruhe kommt. Das wird hiermit geschaffen."

Ich sehe das Shopping-Center jetzt mit anderen Augen. Mein Blick schweift über den Platz, auf dem eine türkische Popsängerin gerade ihr Publikum zum Mitsingen animiert, und über die Dächer der umliegenden Geschäfte, auf denen das Gras sprießt und die man an manchen Stellen sogar betreten kann: Weiße Sofas stehen auf dem Grün, und ein Pärchen hat es sich auf einem davon schon gemütlich gemacht.

„Das heißt, die Shopping-Center schaffen nun das, wofür eigentlich die Kommune sorgen sollte: Grünflächen und Plätze?" Meine Vorliebe für Shopping-Center bekommt neue Nahrung.

„In diesem Fall, ja. Aber sonst? Du weißt, dass man anstelle des AKM ein Shopping-Center bauen möchte?"

„Oh!" Meine Vorliebe für Shopping-Center erfährt einen jähen Dämpfer.

Wir stehen an einer Bar, die komplett aus Eisblöcken gebaut wurde. Auf einem großen Bildschirm wird das Konzert vom Platz übertragen, damit die VIPs, die davon doch recht weit weg stehen, das Gefühl haben, ganz nah dran zu sein. Die Sängerin erinnert mich ein wenig an Nena, nur dass diese hautenge Hosen sehr gut tragen kann. Die Menge singt begeistert mit. Auch ich könnte es, wenn ich wollte, den Song kenne ich aus dem Radio.

Neben mir setzt Erendiz seinen Exkurs über die Probleme Istanbuls fort. Seit den 1950er Jahren, so erfahre ich, wächst die Stadt ohne Plan und ohne Kontrolle. Nicht nur die Gecekondus werden ohne Genehmigung gebaut, auch einige Moscheen, Krankenhäuser, Luxusvillen und gar Justizgebäude sind illegal errichtete Gebäude. Die Architekten haben vor dem Wildwuchs der Stadt irgendwann kapituliert und das Phänomen, wenn sie es schon nicht in den Griff bekommen, dann doch zumindest in einen Begriff zu fassen versucht: Çarpık kentleşme nennt man nun, was in Istanbul passierte, verzerrte Urbanisierung. Eine Kommunalregierung in den frühen achtziger Jahren behauptete dann, dass die Probleme der Stadt unlösbar seien und diese nicht mehr zu retten. Die jetzige Regierung hat indes noch Hoffnung und einen berühmten Stadtplaner aus dem Ruhestand geholt, der einen Masterplan für Istanbul entwickeln soll ... Erendiz erzählt und erzählt. Und ich hänge an seinen Lippen. Neben mir schmelzen die Eisblöcke.

Gizem, die uns vor Ewigkeiten und sicher nicht ohne Hintergedanken allein ließ, kommt zurück und mustert uns amüsiert.

Jetzt erst bemerke ich, dass die Sängerin nicht mehr singt. Auf der Bühne ist es dunkel. Davor tanzen vereinzelt ein paar Jugendliche zu ziemlich lauten Technorhythmen, umringt von etwa hundert Sicherheitskräften in gelben Jacken, die sich vermutlich irgendwie nützlich machen wollen, wo sie doch schon keine Taschen durchleuchten können. Mir fällt auf, dass nur Jungs tanzen.

„Weißt du, woher der Name Istanbul kommt?", fragt Erendiz. Ich weiß es nicht.

„Als die Osmanen sich im 14. Jahrhundert Konstantinopel näherten, stießen sie auf griechische Wegweiser, die sie als Ortseingangsschild missdeuteten. ‚Zur Stadt‘, so kann man Istanbuls Namen übersetzen." Erendiz lacht kurz auf. „Heute wüsste man kaum, wo man solche Hinweisschilder aufstellen sollte. Die Stadt ist ja überall."

Über hundert Kilometer lang sei sie schon. Jeden Monat wächst Istanbul um rund 25 000 Einwohner. Jetzt denkt man darüber nach, den Zuwandererstrom zu minimieren, einige der Einwanderer umzusiedeln und auch Firmen zu ermuntern, sich doch lieber woanders niederzulassen.

„Das sind Probleme", entfährt es mir. „In meiner Heimat schrumpfen die Städte und sind dankbar für jeden, der dort eine Filiale eröffnet."

„Ach, mit Schrumpfung hat Istanbul auch schon seine Erfahrungen gemacht", wirft Erendiz da ein, „nach dem Verfall des Osmanischen Reiches und als Ankara Hauptstadt der neuen Republik wurde, sank die Bevölkerungszahl hier sogar drastisch."

Plötzlich geht die Musik aus. Die Männer in den gelben Jacken verlassen im Gänsemarsch den Platz, die Jugendlichen tun es etwas ungeordneter. Ich schaue auf die Uhr. Es ist Punkt zwölf, keine Sekunde später.

„Ziehen wir weiter?", fragt Gizem. Für sie ist der Abend noch lange nicht zu Ende. Sie schlägt einen Club vor und Erendiz ist einverstanden. Es ist einer dieser exklusiven Nachtclubs mit rotem Teppich vor der Tür und livrierten Pagen, denen man den Autoschlüssel zuwirft, damit sie den Wagen einparken; drinnen hat man dann einen unglaublichen Ausblick auf die Stadt – die Saison der Freiluft-Diskos in Wassernähe ist inzwischen vorbei, weshalb die Szene die Etablissements in Hanglage bevorzugt – und einen interessanten Einblick in die Istanbuler Schickeria. Manchmal finde ich es sehr amüsant in diesen Clubs, obwohl ich viel lieber in Beyoğlu ausgehe, in diese unkomplizierten Bars, wo man auch mit Jeans und T-Shirt gut angezogen ist. Doch heute finde ich es klüger, nach Hause zu fahren. Erendiz bringt mich zum Taxi. Während ich einsteige, fällt ihm noch etwas ein. „Ach, Tom hatte mich doch damals bei Salmans Sünnit gefragt, ob ich nicht mal Tickets für ein Fußballspiel besorgen könne. Ich hätte ein paar für ein Spiel nächsten Monat. Noch Interesse?"

Die vielen Drinks sind vermutlich schuld daran, dass ich ein merkwürdiges Kichern von mir gebe und mit verklärtem Blick ein lautes „Klar doch!" rufe, während das Taxi schon mit quietschenden Reifen anfährt und Erendiz gerade noch so die Tür zuwerfen kann.

Anmerkungen zum Oktober

[1] Öszüt ist eine Kette moderner Kaffeehäuser in Istanbul, in deren Filialen die Auswahl an Kuchen, Puddings und anderen Desserts schier unendlich ist. Hier ist es gut zu wissen, dass „Pasta" mit Kuchen übersetzt wird. Nudeln gibt es bei Öszüt nicht.

[2] An dieser Stelle muss ich der Ehrlichkeit halber gestehen, dass ich meinen Ramazan keine dreißig Tage durchgehalten habe. Aber immerhin zwölf davon, was, wie ich finde, auch schon ein Grund zum Feiern ist.

[3] Ramazan hat leider nicht den gewichtsreduzierenden Effekt, den man etwa vom Heilfasten erwartet. Infolge der Völlerei vor dem Schlafengehen nimmt man natürlich eher zu statt ab – in meinem Fall satte drei Kilogramm!

November
– 2:2 Unentschieden –

„Das Leben bedeutet Kampf und Kollision.
Den Sieg im Leben zu erreichen
ist nur mit dem Sieg im Kampf möglich."

(ATATÜRK)

ICH STEHE IN EINEM ISTANBULER STADION zwischen Tom und Erendiz, um uns herum brüllen 33 000 fanatische Fußballfans, und ich kann mir jede Menge Orte auf dieser Welt vorstellen, wo ich jetzt viel lieber wäre.

In Istanbul kann man sich dem Thema Fußball ebenso wenig entziehen wie dem Gesang des Muezzins: Beides ist so laut wie allgegenwärtig und hat sehr viel mit Religion zu tun. Und wie Letzteres ist auch der Fußball zuweilen Anlass kriegerischer Auseinandersetzungen: Treffen zwei der drei großen Istanbuler Fußballclubs aufeinander, herrscht Ausnahmezustand in der Stadt.

Einmal habe ich den Fehler gemacht, während eines Lokalderbys auf die Straße zu gehen. Ich hatte gerade Tomaten und Oliven für das Abendbrot gekauft, als plötzlich ein Schuss fiel. Ich flüchtete in den nächsten Hauseingang und schaute an meinem Körper herunter. Ich war offensichtlich nicht getroffen. Aber mein T-Shirt, so stellte ich mit Schrecken fast, hatte zufällig die Farben der Mannschaft, gegen die Fenerbahçe[1] an diesem Nachmittag spielte. Ich wartete eine Weile, dann spähte ich vorsichtig um die Ecke, ob mein Mörder noch auf mich zielte. Doch auf der Straße war niemand zu sehen. Aus den Häusern drang das Geräusch fußballübertragender Fernseher. Ich zog die blaue Jacke über, die ich in meinem Rucksack hatte, hoffte in Kombination mit dem gelbblonden Haar einen guten Fenerbahçe-Fan abzugeben und lief schnell nach Hause. Doch bevor ich dort ankam, hörte ich wieder einen Schuss. Da ich nicht mehr gemeint sein konnte, drehte ich mich um und schaute, ob ich helfen könne. An der Ecke sah ich ein paar Männer, die auf Gemüsekisten sitzend das Spiel im Radio verfolgten. Einer von ihnen war aufgesprungen und schoss mit einer Pistole in die Luft. Vermutlich war ein Tor gefallen und jeder Schuss Ausdruck größter Freude.

Ein andermal habe ich den Fehler gemacht, vor einem Lokalderby das Haus zu verlassen. Am Abend sollte Fenerbahçe gegen Beşiktaş spielen, und ich wollte am Nachmittag mit der Fähre nach Europa übersetzen. Auf dem Schiff fand ich es ja noch ganz lustig mit all den Fenerbahçe-Fans in ihren blau-gelben Shirts und Schals, die auf die Bänke sprangen und fahnenschwingend ihre Hymnen sangen. Doch als wir uns dem Fähranleger von Beşiktaş näherten, wurde mir mulmig. Ein Heer schwarz-weiß gekleideter Krieger stand da, uns zu empfangen, das Nahen des Feindes kampfeslustig im Blick. Mit einem Schlag verstummten die Hymnen. Eine bedrohliche Stille erfüllte das Schiff. Und ich hatte auf einmal eine Ahnung davon, wie sich die Alliierten wohl gefühlt haben mögen, als sie sich mit ihren Landungsbooten am 25. April 1915 Gallipoli[2] näherten. Doch kurz darauf schallten die martialischen Fangesänge wieder über das Schiff – heftiger und lauter als zuvor. Ich verzog mich auf die Toilette und blieb dort so lange, bis die

Meute vom Boot gesprungen war, die Fähre ihre neuen Passagiere an Bord hatte und wieder zurücktuckerte, nach Kadıköy. Per Handy sagte ich meine Verabredung mit Frau Ö. ab, die dafür vollstes Verständnis hatte.

Doch heute bleibt uns der unfreundliche Empfang am Fähranleger erspart. Schließlich spielt nicht Fenerbahçe gegen Beşiktaş, sondern Galatasaray. Und dessen Fans reisen nicht in erster Linie über den Seeweg an.

Die Gründerväter des Vereins waren Schüler der gleichnamigen Eliteschule, deren imposantes Schulgebäude mitten in der Stadt direkt auf der Istiklal hinter einem riesigen, goldenen Tor liegt. Zahlreiche Politiker und Intellektuelle gehören zu den Absolventen des Galatasaray-Gymnasiums, das einst gegründet wurde, nachdem Sultan Beyazit auf einer Reise nach Frankreich vom dortigen Schulsystem so angetan war, dass er beschloss, ein ähnliches im Osmanischen Reich aufzubauen. Noch heute hat das Gymnasium, das von 600 000 Bewerbern jährlich nur die hundert Besten aufnimmt, einen französischen Schwerpunkt.

Doch ihren intellektuellen Hintergrund merkt man den Fans von Galatasaray nicht immer an – erst recht nicht kurz vor, während und direkt nach den Spielen. Im Gegenteil. Man könnte meinen, ihre Köpfe wären vor allem dazu da, sich die selbigen einzuschlagen. Letztens haben sie nach einem Spiel so heftig randaliert, dass der Fußballverband die Galatasaray-Fans damit bestrafte, die folgenden fünf Spiele am Fernseher verfolgen zu müssen: Ihre Mannschaft spielte derweil in leeren Stadien. Das war übrigens auch der Grund, warum Monate vergingen, bis Erendiz Tom die versprochenen Tickets besorgen konnte.

Mit einem also nicht unbegründeten flauen Gefühl im Bauch gingen wir zum Stadion. Am Eingang wollte mir eine Dame vom Sicherheitsdienst sämtliches Kleingeld aus dem Portemonnaie nehmen. Ich wusste nicht, wofür ich die Frau bestechen sollte, und schaute Erendiz irritiert an. Der klärte mich auf. Im Stadion werden die Münzen – scharf geschossen – mitunter zur Munition, die Trainern, Spielern oder Schiedsrichtern schon so manches Loch in den Kopf hauten. Ich könnte mein Kleingeld auch noch schnell vor dem Stadion bei den zahlreichen fliegenden Händlern ausgeben, wenn ich es nicht verschenken wollte, meinte Erendiz. Also investierte ich meine Münzen in Mützen, in Schals und Strümpfe, in Pulswärmer und Polyesterhemden – nicht um damit meine Neigung zum Ausdruck zu bringen, sondern in der Hoffnung, die weichen Sachen würden mich vielleicht ein bisschen vor den herausgerissenen Sitzschalen schützen, mit denen die wildgewordenen Fans, ihrer Münzen beraubt, sich zuweilen zu helfen wissen. Auch Handys und Schuhe sollen schon mal zum Wurfgeschoss werden, warnte Erendiz.

Meine Polster kaufte ich mir in den Farben Rot-Gelb, weil diese mir am besten gefielen. Tom hingegen wählte Schwarz-Weiß, weil er sich irgendwann entschieden hatte, für Beşiktaş[3] zu sein. Vorher hatte er Erendiz noch gefragt, ob dort, wo wir sitzen würden, das Publikum gemischt sei. Er hatte es bejaht, ohne mit der Wimper zu zucken. Kurze Zeit später weiß ich: Das war versuchter Mord!

Tom ist jetzt nämlich das einzige schwarz-weiße Zebra[4] inmitten einer Meute hungriger „Löwen“ – so nennen sich die Fans von Galatasaray – und ich reiße ihm in großer Sorge um seine Gesundheit Schal und Mütze vom Leib. Ich habe bis heute noch kein türkisches Krankenhaus von innen gesehen und ich möchte, dass das bis zum Ende meiner Zeit hier in Istanbul so bleibt.[5] Ich schaue Erendiz strafend an. Der zuckt nur entschuldigend mit den Schultern.

Es ist die zehnte Spielminute und steht null zu null. „Ganz schön langsam" sei das Spiel, merkt Tom kritisch an, der sich offensichtlich mehr mediterranes Temperament erhofft hat. Dafür gibt aber das Publikum reichlich Gas. Keinen einzigen Gast hält es auf den Sitzen. Alle stehen, schreien, singen. Es ist unheimlich laut. „Cim bom bom!", rufen die Leute um mich herum. Es ist der Schlachtruf der Löwen. Und auch drüben, auf den schwarz-weißen Rängen, ist die Hölle los. Die Call-and-Response-Gesänge, die von den Tribünen widerhallen, stellen locker jedes Springsteen-Konzert in den Schatten. Unter der „Kuppola" der Haupttribüne, dem Epizentrum der Beben und Wellen, die durch das Heimstadion laufen, sind es vor allem die Marktschreier des Basars von Beşiktaş, die den Ton angeben, erklärt Erendiz, nun schon etwas außer Atem.

Ich komme aus dem Staunen nicht heraus: So fanatisch wie hier die Fans ihre Mannschaften antreiben, haben die Deutschen ihre Elf nicht mal während der WM angefeuert. Fußball in der Türkei hat noch mal eine ganz andere Dimension und, so kommt mir in den Sinn, in Istanbul vielleicht auch eine ganz andere Funktion. Hier wird der tägliche Kampf der Kontraste, das Gerangel der Gegensätze dieser Stadt, das für ihre Bewohner psychisch sicher nur schwer zu bewältigen ist, physisch ausgetragen. Allgegenwärtig und allzeit anstrengend sind die Gegensätze: Arm und Reich, Bewahren und Fortschritt, Religiosität und Säkularisierung, Weltstadt und Provinz, Europa und Asien. Es gibt immer ein Entweder-Oder, immer zwei Seiten, aber kaum etwas dazwischen. Das zehrt an den Kräften, das sucht nach einem Ventil. Hier, auf dem Fußballfeld, dürfen die Fronten aufeinanderprallen – auch wenn es in diesem Fall nur zwei prinzipiell recht ähnliche Fußballclubs sind –, hier fechten die Mannschaften stellvertretend den Kampf aus.

Auch ich habe meinen persönlichen Zwiespalt. Genau genommen stehe ich mittendrin – zwischen Tom und Erendiz. Auf der einen Seite mein gewohntes Leben in meiner Heimat, auf der anderen ein Abenteuer in einem anderen Land. Tom und Erendiz, Vertrautes und Fremdes, Berlin und Istanbul, Deutsch und Türkisch, Blond und Schwarz, Liebe und Verliebtheit, Spree und Bosporus ... Mir schwirrt der Kopf. Ich will es machen wie die Istanbuler und lasse die Herren auf dem Platz den Kampf austragen. Sollen sie entscheiden. Soll mir das Spielergebnis sagen, wie es weitergehen soll.

Auf einmal sehe ich das Spiel mit anderen Augen. Zum ersten Mal in meinem Leben finde ich Fußball wirklich spannend.

14. Spielminute, Galatasaray am Drücker, plötzlicher Pass von Lincoln, dem umjubelten brasilianischen Neuzugang von Schalke 04, in die Tiefe des Raumes, zu Hakan Şükür, der türkischen Stürmerlegende. Der lässt unter ohrenbetäubendem Crescendo aus dem Galatasaray-Block eins, zwei, drei Beşiktaş-Verteidiger wie Fahnenstangen stehen und zieht aus 18 Metern ab – die Löwen neben mir stöhnen laut auf und brüllen entsetzt. Tom klatscht für den Torwart von Beşiktaş und wird von Erendiz misstrauisch beäugt. Wieder verschenkt Beşiktaş im Mittelfeld leichtfertig den Ball, und wieder postwendend der Steilpass auf Hakan Şükür. Şükür, den sie als Nationalheld verehren und auch „Kral", den König, nennen. Şükür also, groß und kräftig, der „Bulle vom Bosporus" überrennt den zaghaften

Verteidigungswall der Zebras, ein Schuss wie ein Strich – und diesmal zappelt das Leder im Netz.

1:0 für Erendiz!

Die rot-gelbe Menge tobt. Ohrenbetäubendes Pfeifen der schwarzweißen Fangemeinde. Aus den Boxen dröhnt „I will survive" und ich weiß instinktiv, was tunlichst zu vermeiden ist: den Männern vor mir auf die Schulter zu tippen und ihnen zu erklären, dass dieser Song in unserem Kulturkreis als Schwulenhymne gilt. Dann wären wir schneller im Krankenhaus, als sich Tom seinen Zebraschal überhaupt umbinden kann. Erendiz neben mir springt auf und nieder, als wäre er beim Pogo-Konzert, und grinst Tom siegessicher an. Der Boden bebt.

Dann vergehen 15 Minuten, in denen das Publikum mehr Einsatz zeigt als die Mannschaften auf dem Platz.

Nun wagen sich die Zebras öfter aus der Deckung – und werden prompt von den Löwen gerissen: 2:0 für Erendiz!

Mir wird mulmig. Und auch Erendiz fällt auf, dass ich mich etwas zu wenig freue dafür, dass ich so schön rot-gelb angezogen bin.

Die Löwen sind nun erst einmal satt. Sie sehen ihre Beute triumphal gesichert. Die Zebras lecken ihre Wunden, doch dabei auch das Blut, das ihnen wieder Kraft gibt. Die schwarz-weiße Kuppola befeuert mit brennenden Fangesängen die heimische Savanne, auf der die Zebras nun um ihr Leben rennen und alles geben. Da kommt die scharfe Flanke von rechts, Torwart verschätzt sich, gezielter Kopfball – Beşiktaş verkürzt auf 1:2! Tor für Tom!

Rot-gelbe Apathie. Ich atme auf. Erendiz guckt Tom böse an – Tom, der beim Hinsitzen lächelnd seinen rechten schwarz-weißen Pulswärmer küsst, den er heimlich unter dem Ärmel trägt, und amüsiert feststellt, dass Fußball hier viel verbissener gesehen wird als etwa bei den heimischen Kicks im Hertha-Stadion. Ich lasse ihn in dem Glauben, dass Erendiz' böser Blick tatsächlich nur mit dem Fußball zu tun hat, hoffe derweil auf weitere Tore und merke, wie bei jeder Chance für Tom mein Herz einen kleinen Sprung macht.

Auf den Tribünen türmt sich eine La-Ola-Welle nach der anderen auf. Die zu zwei Dritteln schwarz-weiße Brandung überspringt mühelos den rot-gelben Block und sprüht verächtlich ihre Gischt auf sie. Auf dem Spielfeld kocht es und die Steilpässe der Zebras schneiden wie heiße Messer in die immer weicher werdende Galatasaray-Abwehr. Nicht nur in der „Kuppola" zeigen die Zebras mit ausgestreckten Armen die Adler-Kralle, das Wappenzeichen im Beşiktaş-Emblem. Und plötzlich wirft sich – wir sind schon in der Nachspielzeit – auch der Mittelstürmer wie ein Raubvogel in eine diesmal von links geschlagene Flanke und trifft zum 2 : 2! Tor für Tom! Ich kann ein freudiges „Jaaaaa!" nicht zurückhalten. Rot-gelbe Agonie. Der Mann vor mir dreht sich um, mustert meine Kostümierung, die mir in diesem Moment jede Euphorie verbieten sollte, und hat mein Gefühlschaos auf einen Blick erfasst. Der Abpfiff geht im schwarz-weißen Taumel der Heimtribünen unter.

Es bleibt beim 2 : 2. Kein Gewinner, kein klarer Ausgang: Auch ich bin enttäuscht. Um mich herum rot-gelbes Entsetzen. Die Löwen gehen nur mit halber Beute vom Platz. Tom küsst grinsend seinen linken Pulswärmer. Ein schweigsamer Erendiz verfolgt den Flug einer wutschnaubend herausgerissenen Sitzschale. Sie trifft uns nicht.

Anmerkungen zum November

[1] Das Stadion von Fenerbahçe ist nicht weit von meiner Wohnung entfernt, weshalb die ganze Nachbarschaft Anhänger dieses Clubs ist und man hier viele blau-gelbe Fahnen an den Balkonen sieht. Fenerbahçe ist der erfolgreichste der drei Istanbuler Vereine. Tom nennt ihn – nicht ohne das Gesicht zu verziehen – den „FC Bayern der Türkei". Illustre Fans hat Kadıköys Club: Atatürk bekannte sich zu den Gelb-Blauen ebenso wie Premierminister Erdoğan.

[2] Die Schlacht bei den Dardanellen im Jahr 1915, als die Türken nach einem zähen, langen Kampf schließlich verhindern konnten, dass ihnen die Alliierten den Seeweg zum Schwarzen Meer abschnitten, kennzeichnet den Beginn einer neuen politischen Ära. Hier erzielte Atatürk, damals noch Mustafa Kemal, große militärische Erfolge. Seine Truppen konnten sich bei der Bergkuppe Chunuk Bair in einem monatelangen Stellungskrieg gegen die Angreifer behaupten.

[3] Tom hatte während seiner Besuche schnell erkannt, dass in Istanbul ein Mann kein Mann ist, wenn er keinen Club hat. Er musste sich also entscheiden und wählte Beşiktaş. Er begründete dies historisch und revolutionär-romantisch: Immerhin war der Vorläufer des Beşiktaş-Fußballklubs ein Gymnastikclub, der 1903 von 24 jungen Männern als ältester türkischer Sportverein gegründet wurde. Im damals noch Osmanischen Reich war dieser Akt illegal: Sultan Abdulhamit wollte anscheinend verhindern, dass sich Aufständische – gestählt in den Disziplinen Ringen, Boxen und Gewichtheben – zusammenrotteten. Aus ästhetischer Sicht sprach für den Club, dass das Stadion des Vereins, von dessen Tribüne aus man direkt auf den Bosporus blickt, das schönste Istanbuls ist.

Türken hingegen haben in der Regel keine Wahl. Oft ist mit der Nachbarschaft schon entschieden, für wen man jubeln muss. Manchmal steht sogar schon vor der Geburt der Fußballclub fest, dessen Fan der Junge wird. Bei Erendiz, zum Beispiel. Der be-

157

kam die Mitgliedschaft im Club von seinem Vater vererbt – und diese war in etwa so wertvoll wie der Rest des Vermögens. Denn Galatasaray stellt sich – im Gegensatz zu den anderen Vereinen – bei der Wahl seiner Mitglieder in etwa so an wie ein elitärer britischer Herrenclub. Da darf nicht jeder rein. Erendiz durfte – weil sein Großvater Absolvent des Galatasaray-Gymnasiums war und als solcher die Vereinsmitgliedschaft an seine Nachkommen weitergeben darf.

[4] Pardon, kein Beşiktaş-Fan würde sich Zebra nennen, schließlich haben sie den Adler im Wappen.

[5] Dabei sind die türkischen Krankenhäuser gar nicht so schlecht wie ihr Ruf. Im Gegenteil, sie sind zum Teil sogar moderner ausgestattet als so manches deutsche Krankenhaus, und das Ausbildungsniveau der Ärzte ist hoch. Der Grund, warum ich dennoch einen Bogen um sie mache, hat mit der normalen Abneigung gegen Krankenhäuser zu tun und damit, dass ich es mir auch nach den vielen Monaten Sprachkurs noch nicht so recht zutraue, lebenswichtige Gespräche auf Türkisch zu führen. Allerdings müssen auch türkische Krankenhäuser unterschieden werden: Ausländer, die etwas Geld haben, können sich eine Privatbehandlung leisten, die Armen müssen in staatliche Krankenhäuser, und da, so sagte mir Frau Ö., liegt das Elend auf den Fluren und wartet stunden-, wenn nicht tagelang auf die Behandlung.

Dezember
– Der Silvesterbaum –

So ist Jesus, Sohn der Maria –
eine Aussage der Wahrheit,
über die sie uneins sind.

(KORAN, SURE 19, VERS 35)

ICH SITZE IM ARA und schreibe Weihnachtskarten. Mir ist danach. Mir ist ganz weihnachtlich zumute. Die Stadt erstrahlt in hellstem Glanz. In Lichterketten eingewickelte Tannenbäume funkeln hinter Schaufensterscheiben. Als Geschenke getarnte Schuhkartons türmen sich in den Geschäften und spielen Bescherung. Und manchmal streicht sogar ein Weihnachtsmann über die Istiklal Caddesi.

Erst traute ich meinen Augen kaum. Weihnachten hätte ich in Istanbul so wenig erwartet wie ein Schweineschnitzel beim Iftar-Menü. Ich fragte mich, was das Ganze sollte. Wollen sich die Türken mit dem Weihnachtszauber dem Westen anbiedern und so die Herzen der EU-Kommissare erweichen? Wenn dem so wäre, bin ich spontan gegen die Aufnahme der Türkei in die Union und froh, in dieser schwierigen Frage endlich Position beziehen zu können. Oder hat die Türkei den Weihnachtsmann mit Coca-Cola und Co. einfach nur gedankenlos importiert?

Frau Ö. klärte mich auf: „Nein, Weihnachten ist hier Silvester." Ministerpräsident Inönü hatte in den vierziger Jahren beschlossen, dass die Türken mit sofortiger Wirkung den Jahreswechsel zu feiern haben. Nur, wie sollte das Fest aussehen? Wie so oft, wenn die Türken etwas Neues einführen, schauen sie nach Westen. In diesem Fall offensichtlich nach Frankreich, wo sie an Silvester in den Stuben der Franzosen die noch nicht weggeräumten Weihnachtsbäume von Noël entdeckt haben müssen. Dass sie schon eine Woche dort nadelten, störte sie wenig. Seitdem zündet man nun also in der Türkei immer am letzten Tag des Jahres den Weihnachtsbaum an, der genau genommen ein Silvesterbaum ist, und lässt den Weihnachtsmann Geschenke bringen, der hier Baba Noel heißt. Und was wird gefeiert? Noel natürlich!

Ich war verwirrt: „Der Weihnachtsmann kommt Silvester?"

„Genau. Am 24. Dezember wird hier ganz normal gearbeitet", erklärte Frau Ö. „Dabei könnte man eigentlich auch ein bisschen feiern. Jesus ist für die Moslems nämlich kein Unbekannter. Im Koran spielt er eine wichtige Rolle, er ist einer der Propheten neben Moses und Adam. Jesu Geburt wird sogar ausführlich beschrieben."

Frau Ö. holte den Koran aus dem Regal, schlug die entsprechende Sure auf und gab sie mir zu Lesen. Die Geschichte begann ähnlich wie in der Bibel: Maria wurde schwanger, obwohl sie „kein Mann berührt hat". Doch unter dem Stamm einer Dattelpalme war es, und nicht in einem zugigen Stall, als sie auf einmal heftige Wehenschmerzen erlitt. Maria vernahm die Stimme von Gott, der ihr riet, von den Datteln zu essen und sich an dem kleinen Bach zu erfrischen.

Ich schaute überrascht auf: „Eine schwangere Freundin erzählte mir neulich, dass Datteln einen Wirkstoff enthalten, der Wehen fördert."

Frau Ö. nickte: „Ja, in den alten Schriften steckt mehr Weisheit, als wir ahnen."

Ich las weiter. Nachdem Maria ihren Sohn zur Welt gebracht hatte, ging sie mit ihm zurück ins Dorf. Sie überlegte noch, wie sie erklären sollte, dass sie, die Jungfrau, auf einmal ein Kind hat – als Gott ihr befahl, zu schweigen. Sie musste sich nicht rechtfertigen. Das erledigte ihr Sohn für sie. In der Wiege erzählte das Baby, dass es von Allah als sein Diener geschickt wurde. Dann sagte es: „Friede war über mir am Tage, da ich geboren ward, und Friede wird über mir sein am Tage, da ich sterben werde, und am Tage, da ich wieder zum Leben erweckt werde." Später sollte Jesus einen Vogel aus Lehm fliegen lassen, von Allah eine gedeckte Tafel für eine Menge Menschen ordern und Todkranke heilen.

Mit der Entdeckung der moslemischen Version der Weihnachtsgeschichte hatte ich das letzte Argument dafür, Weihnachten fern der Heimat erst recht gebührend zu feiern. Und zwar am 24. Dezember. Tom wird kommen, ich werde uns im Süpermarkt einen Baum kaufen und aus der türkischen Küche ein paar Gerichte heraussuchen, in die laut Rezept eine Menge Zimt gehört. Vorher gehe ich zum Weihnachtsessen von Frau Ö. Wie jedes Jahr kocht sie für ihre Freunde ein deutsches Festtagsmenü, bevor sie über die Feiertage nach Deutschland fährt.

Und da derzeit genug dickbäuchige und weißbärtige Männer unterwegs sind, lasse ich mir meine Weihnachtsstimmung heute auch dadurch nicht verderben, dass sich Ara, der Fotograf, wieder einmal nicht blicken ließ.

Ich bin die Letzte, alle Gäste haben schon Platz genommen und die Haushälterin von Frau Ö. weist mir den einzigen freien Stuhl zu. Man hat auf mich gewartet, und das ist mir sehr unangenehm. Seit ich in Istanbul bin, habe ich mir meine preußische Pünktlichkeit abgewöhnt. Ich hatte irgendwann eingesehen, dass in dieser Stadt allenfalls die Fähren pünktlich sind. Der Rest verspätet sich um etwa 15 Minuten (Freunde) bis 24 Stunden (Handwerker). Jetzt ist mir die Verspätung peinlich – nicht unbedingt, weil es mir an Pünktlichkeit fehlte, sondern an Respekt. Ich hätte allein schon deswegen zu dem Zeitpunkt erscheinen sollen, den Frau Ö. mir nannte. Und Respekt gegenüber Älteren ist in der türkischen Gesellschaft – im Gegensatz zur Pünktlichkeit – tatsächlich noch ein Wert.

Ich nehme entschuldigend Platz und schaue neugierig in die Runde. Seit Wochen bin ich gespannt auf dieses Essen, sollte ich doch endlich ein paar weitere Protagonisten der Biographie von Frau Ö. kennenlernen. Ich hatte häufiger gewünscht, den einen oder anderen, von dem sie in unseren Gesprächen erzählte, zu treffen. Doch Frau Ö. hatte immer auf dieses Essen verwiesen und gemeint, ich solle Geduld haben. Nun ist es also so weit. Natürlich wird sich mein investigativer Anspruch heute Abend in Grenzen halten. Frau Ö. wird das Buch autorisieren, weshalb ich ganz sicher nicht schreiben werde, was der Gentleman vis-a-vis mir zu später Stunde unter dem Einfluss von reichlich Rakı erzählen sollte, dass nämlich der Mann von Frau Ö. ein riesiges Schlitzohr gewesen sei. Genauso wenig wie das, was mir Frau Ö. über eben jenen freundlichen, graumelierten Herrn, der einst ein bekannter Sportkommentator war, verriet: dass er nämlich weniger für seine Spielanalysen berühmt war als für seine Versprecher. Schließlich möchte Frau Ö. auch ihm ein Exemplar ihrer Autobiographie schenken.

Zu meiner Rechten sitzt eine Dame, über die Frau Ö. hingegen nie ein schlechtes Wort verlor. Sie ist eine sehr alte Freundin von ihr und war die erste „Istanbuler Dame", die Frau Ö. kennengelernt hat. Die junge Deutsche empfand es damals als große Ehre, dass diese vornehme, kluge Frau sie ein wenig an die Hand nahm. Meine Tischnachbarin müsste auf die neunzig zugehen und hat sich erstaunlich gut gehalten. Sie trägt, wie ältere Damen es gern tun, ein paar ausgewählte Geschmeide. Doch sind diese bei ihr nicht, wie bei einigen anderen Frauen hier im Raum, dazu da, durch ihre Makellosigkeit von Falten und Verfall abzulenken, sondern scheinen nur zu unterstreichen, dass wahre Schönheit nicht wirklich vergeht, sondern allenfalls mit den Jahren an Glanz verliert.

„Ich habe viel von Ihrem Salon gehört", fange ich das Gespräch an. Es ist das richtige Stichwort.

„Ja, unser Salon", die Augen meiner Nachbarin strahlen, und ihr Blick verharrt an einem unbestimmten Punkt mitten im Raum. „Wir waren so ein schöner Kreis. Ein paar Musiker, ein paar aus der Wirtschaft, ein paar von der Universität." Dann schaut sie mich an: „Ach, ein deutscher Professor war auch dabei. Sie wissen, dass die Türkei im Zweiten Weltkrieg jüdische Wissenschaftler aufgenommen hat?"

Ich nicke. Frau Ö. hat mir davon erzählt.[1]

„Und jedes Mal, zu später Stunde, wenn alles gesagt war, dann setzte sich Ali ans Klavier und Marianne hat gesungen. Oh, Sie hätten sie mal hören sollen! Sie konnte so herrlich singen!"

Über ihre Leidenschaft für die Musik habe ich mit Frau Ö. viele Gespräche geführt. Frau Ö. meint, die Musik habe ihr das Land geöffnet; sie habe es über seine Lieder lieben gelernt.

Dass die Türken ein besonderes Verhältnis zur Musik haben müssen, leuchtet schon jedem Sprachschüler ein, der in den ersten Stunden seines Kurses mit der großen und der kleinen Vokalharmonie konfrontiert wird: Diese Sprache ist einfach darauf angelegt, gesungen zu werden! Schon die Grammatik basiert nämlich auf der Harmonielehre, richtet sich ein eingeschobener oder angehängter Vokal doch immer nach denen, die schon im Wort vorkommen. Da muss kein Songtexter ein belangloses „dubidubidu" erfinden, hat er doch so herrliche Wörter wie „yürüdü" (er ist spaziert) oder „düşünürsünüz" (ihr denkt). Kein Wunder also, dass der Türke gern und oft singt. Besonders gern übrigens gleich nach dem Essen, wie ich an einem meiner ersten Abende in Istanbul feststellen musste. Ich hatte in einem ganz normalen Restaurant gegrillten Fisch bestellt, als auf einmal ein paar Musiker das Lokal betraten, mit Klarinette, Saz[2] und Tamburin. Von Tisch zu Tisch gingen sie und trugen ihre türkischen Weisen vor. Und während ich nur hoffte, sie mögen nicht an meinem stehen bleiben, gingen links und rechts von mir merkwürdige Verwandlungen vor sich. Die Gäste hatten das Besteck beiseitegelegt, den letzten Happen mit Rakı heruntergespült und angefangen mitzusingen. Da schmetterten Männer, die eben noch mit ernster Miene über ihre Erfolge im letzten Geschäftsjahr geprahlt hatten, plötzlich mit verklärtem Blick blumige Schnulzen in den Raum. Da wurden Frauen, die vorher unscheinbar an der Ecke des Tisches saßen, zu Schlagerdiven, die den Mann neben sich anflirteten wie Caterina Valente einst ihr Publikum. Andere klatschten oder standen auf und tanzten zur Musik. Fasıl heißen die klassischen Weisen, bei denen jeder Türke wenn nicht gar feuchte, so doch strahlende Augen bekommt. Für jemanden wie mich, der im achten Schuljahr nach dem Solo-Vortrag von „Im Frühtau zu Berge" vor der feixenden Klasse beschlossen hat, nie mehr in der Öffentlichkeit ein Lied zu intonieren, ist das türkische Abendessen mit anschließendem gemeinsamem Singen immer wieder ein befremdliches Erlebnis.

Tom hingegen war von Anfang an begeistert von der hiesigen Musikkultur. Kein Wunder, singt er doch in einer Band und hat daher schon ein sehr viel unverkrampfteres Verhältnis zum Singen im öffentlichen Raum. Einmal, es war schon spät und sehr viel Rakı war geflossen, hatte er sich, etwas unglücklich darüber, in Ermangelung von Sprache und Liedgut nicht mit den Einheimischen mitsingen zu können, die Saz der Musiker geben lassen, so getan, als wäre sie eine Gitarre, und ein paar Songs von den Beatles zum Besten gegeben. Sein Spiel klang schaurig, aber sein Gesang war ambitioniert. Bald fiel die Klarinette mit ein, bald das Tamburin. Wenig später war er umringt von vielen neuen klatschenden, singenden und summenden türkischen Freunden. Und ich musste neidvoll zusehen, wie Tom in nur wenigen Stunden schaffte, was mir in vielen Monaten nur mühsam gelungen war: vom Fremden zum Freund zu werden. In diesem Moment glaubte ich verstanden zu haben, was Frau Ö. gemeint hatte. Nur dürfte in ihrem Fall weniger Alkohol im Spiel gewesen sein.

„Wird sie vielleicht nachher singen?", frage ich meine Tischnachbarin. Sie schüttelt den Kopf. „Nein, Marianne singt schon seit Jahren nicht mehr."

Ich bekomme heute also keine Kostprobe ihrer Sanges-, dafür aber ihrer Kochkünste. Es gibt einen wunderbaren klassischen Weihnachtsbraten mit Rotkohl und Klößen. So herrlich heimisch schmeckt es, dass ich meinen

Teller schneller leere, als es der Anstand gebietet. Der Sport-kommentator schaut interessiert zu, wie ich das Essen ver-schlinge. Dann sagt er: „Sie müssen die deutsche Küche ja sehr vermissen. Können Sie der türkischen denn nichts abgewinnen?"

„O doch", sage ich, sobald ich den Mund leer habe. Es stimmt. In Deutschland denkt man bei türkischer Küche natürlich zuallererst an Döner. Doch wer nach Istanbul kommt, muss nicht nur feststellen, dass die Küche weit mehr zu bieten hat als fein geschnittenes Fleisch im Brot – allein die Namen der Gerichte machen schon Freude: „Frauenschenkel", „Damennabel" oder „Der Imam fiel in Ohnmacht" heißen sie zum Beispiel. Aber auch, dass der Döner hier ganz anders zubereitet wird, nämlich ohne alle Soßen. Deswegen muss auch das Fleisch ganz mager und knusprig sein.

„Ich schätze an der türkischen Küche", beantworte ich nun die Frage des Kommentators, „dass sie den wahren Geschmack von Fisch, Fleisch oder Gemüse betonen und nicht unter Soßen verstecken will." Sage ich, und nehme mir noch eine anständige Kelle von der herrlichen Braten-soße, die Frau Ö. übrigens genauso gut macht wie meine Großmutter.

„Genau", sagt mein Nachbar, „das Bemerkenswerte an der Küche in Istanbul ist, dass sie so viele Einflüsse erfuhr. Aus dem ganzen Reich brachten die Leute ihre Spezialitä-ten mit. So gibt es zum Beispiel vierzig verschiedene Ar-ten, Auberginen zuzubereiten. Es gibt unzählige Varianten, Köfte oder Kebap zu machen. Und dann der Fisch natür-lich. Der herrliche Istanbuler Fisch! Vom Hamsi bis zum Lüfer eine reine Gaumenfreude!"[3] Der Mann neben mir schwärmt so sehr von der türkischen Küche, dass er Frau

Ö., ohne es zu merken, reichlich düpiert. „Ein Freund von mir ist so etwas wie ein Fischtester für ein Restaurant. In aller Frühe fährt er zu den Fischern, begutachtet ihren Fang und sucht die besten Fische aus. Das Restaurant, für das er arbeitet, kann ich nur empfehlen." Er reicht mir eine Visitenkarte eines Gasthauses in Kumkapı, das für seine Fischrestaurants bekannt ist und sich wie die berühmten Moscheen auf der historischen Halbinsel befindet. Ich stecke die Karte dankend ein.

Nach dem Dessert, Bratäpfel mit Vanillesoße, löst sich die Tafel auf. Die Frauen gehen in den Salon, die Herren bleiben am Tisch sitzen und packen ihre Rauchwaren aus. Haremlik und Selamlık, denke ich. Es steckt tief drin.

Im Haremlik werden Plätzchen gereicht. Die stark geschminkte, etwas korpulente Dame, die Frau Ö. aus dem Reitclub kennt, damals aber – so versicherte mir Frau Ö., und so ist für das Pferd posthum nur zu hoffen – entschieden schlanker war, wirft einen Namen in die Runde, und eine der Damen springt sofort darauf an: „Ach, wie läuft es denn mit Kemal?" Kemal ist, so viel weiß sogar ich schon, der Liebhaber der ehemaligen Reiterin. Ihr Mann, der sich im Nebenraum wahrscheinlich gerade arglos eine Zigarette anzündet, ist ein hohes Tier in einer dieser großen Familienunternehmen, die hier die halbe Wirtschaft kontrollieren – Sabancı oder Koç, ich habe es vergessen –, und arbeitet immer noch so viel, dass seine frustrierte Ehefrau mit sechzig beschloss, sich einen Liebhaber zuzulegen. Doch so wie sie über ihn berichtet, habe ich den leisen Verdacht, sie hält sich ihn in erster Linie, um von ihm und ihrer Affäre zu erzählen.

„Da wollte doch letztens so ein Bürgermeister in Anatolien die Vielehe für Männer einführen", frotzelt eine Frau mit einem jungenhaften Kurzhaarschnitt, die es sich im hinteren Teil des Raums in einem Lehnstuhl bequem gemacht hat. „Vielleicht kriegst du ja den von Istanbul dazu, die Polygamie auch für Frauen einzuführen!"

„Was für ein Bürgermeister in Anatolien?", frage ich dazwischen.

„Ach", die alte Dame winkt ab, „einer dieser Ewiggestrigen, die immer noch nicht kapiert haben, dass wir nicht mehr im Krieg sind. Polygamie wurde doch zu einer Zeit erlaubt, als Männer knapp waren. Die Vielehe wurde für die Frauen eingerichtet, nicht für die Männer."

„Ja, aber kein Mann hat das bis heute kapiert", wirft eine Dame ein, die mir bisher noch gar nicht aufgefallen war. „Die haben doch alle noch ihre Zweit- und Drittfrauen. Da ist die Ehefrau im Sommer drei Monate mit den Kindern im Sommerhaus, und was macht der Mann? Na, auf jeden Fall nicht Däumchen drehen."

Ich schaue Frau Ö. an. Doch sie weicht meinem Blick aus.

Wie, denke ich, auch Herr Ö.? Natürlich hat sie nie davon erzählt, nur immer, was für ein guter Ehemann er war. Was für eine harmonische Ehe sie führten. In diesem Moment wird mir einiges klar. Ich hatte immer gespürt, dass Frau Ö. etwas verheimlichte. Aber ich bin nie dahintergekommen. Ich schaue sie so lange an, bis sie meinen Blick endlich erwidert. Sie zuckt mit den Achseln. Es ist derselbe Gesichtsausdruck, dasselbe Achselzucken, mit denen Frau Ö. an unseren gemeinsamen Nachmittagen viele meiner Fragen beantwortete. Es waren Fragen, die ich aus meiner deutschen Sicht der Dinge stellte. Nach den Unterschieden, nach Mentalitäten und Eigenarten. Ob es sie nicht an den Rand der Verzweiflung brachte, wenn sich Gesetze so schnell änderten wie die Wetterlage. Wenn Handwerker nicht Wort hielten. Wenn es hier über Jahre in den Geschäften gerade mal das Lebensnotwendige gab, aber nicht das, was sich etwa ihre Freundinnen in Deutschland kaufen konnten. Kismet, sagte sie. Fügung, Schicksal. Es ist das achselzuckende Akzeptieren von Dingen, die man nicht unmittelbar beeinflussen kann. Man arrangiert sich, man improvisiert. Die Deutsche, das war eine meiner ersten Lektionen, war eine Istanbulerin geworden, die nicht mehr ständig Vergleiche mit den Gegebenheiten in ihrer Heimat zieht – auch wenn ich es gern so gehabt hätte –, sondern sich mit denen vor Ort abfindet, wie die Istanbuler auch. Aber sollte der untreue Ehemann genauso zu den unveränderlichen Gegebenheiten gehören wie Wetter und Wirtschaftskrise? Wie hat sich Frau Ö. in diesem Fall arrangiert? Improvisiert – auch mit Liebhabern? Vermutlich werde ich es nie erfahren.

„Ach, liebe Marianne", sagt die korpulente Dame nun und streicht sich über den Bauch, „du hast uns mal wieder köstlich bekocht. Gesundheit deinen Händen!"[4]

„Ja, und in ein paar Tagen geht das mit der Völlerei ja munter weiter", wirft die Dame von hinten ein.

„Wie, Sie feiern Weihnachten?", frage ich überrascht.

„Nein, meine Liebe, Kurban Bayramı ist doch in drei Tagen. Das liegt diesmal kurz vor eurem Weihnachten."

„Kurban Bayramı?"

„Ja, Kindchen", schaltet sich die korpulente Dame nun ein, „das blutige Opferfest! Dauert vier Tage und soll daran erinnern, dass Abraham fast seinen Sohn geopfert hätte. In den Straßen und auf den Plätzen der Stadt werden Tausenden von Schafen und Rindern die Kehlen durchgeschnitten. Die Schreie der armen Tiere hallen durch die

Gassen, und ihr Blut fließt in den Bosporus und färbt ihn rot." Die Frau reißt die Augen weit auf und wackelt bedrohlich mit den Händen, als erzählte sie einen Horrorfilm nach. „Sie sollten sich den Anblick nicht entgehen lassen." Jetzt wird auch die Stimme schaurig: „Weiße Yachten schwimmen in rotem Blut!"

„Na, du musst es ja wissen!", ruft meine Tischnachbarin von vorhin. „Du gehst doch seit Jahren nicht mehr vor die Tür während des Opferfestes."

Ich beschließe, dann besser auch nicht vor die Tür zu gehen. Sonst werde ich vermutlich doch noch Vegetarierin. Und die Türkei ist das denkbar schlechteste Land, um damit anzufangen.

Anmerkungen zum Dezember

[1] Eine noble Geste, wenngleich nicht ohne Eigennutz: Die Gelehrten kamen nämlich gerade richtig, um die Universitätsreform, die Atatürk angeschoben hatte, zu befruchten. Sie sollten Türkisch lernen und Lehrbücher für ihre Fächer verfassen. Einige taten weit mehr: Der Jurist Fritz Neumark entwarf gleich noch das türkische Einkommensteuergesetz, und der Architekt Bruno Taut den Katafalk für Atatürks Trauerfeier.

[2] Die Saz ist die türkische Laute, ein dickbäuchiges und langhalsiges Instrument mit sechs bis sieben Saiten.

[3] Hamsi sind Anchovis, die vor allem am Schwarzen Meer beliebt sind. Der Lüfer ist ein Blaubarsch und in Istanbul in der Regel die beste Wahl von der Speisekarte, soll der beste Lüfer doch aus dem Bosporus kommen. Die Zubereitung des Fischs ist immer ähnlich: Er kommt gegrillt und nur in Begleitung von Rucola und Zitrone auf den Tisch. Köstlich!

[4] Das sagt man so, wenn es geschmeckt hat. Wer bei Türken eingeladen ist, merke sich also folgenden Satz, um nachher bei der Köchin zu punkten: Elinize sağlık!

Januar
– *Unbestimmtes Präteritum* –

> *Auf einem Seil können*
> *nicht zwei Akrobaten tanzen.*
> (TÜRKISCHES SPRICHWORT)

VOR DEN SILVESTERFERIEN hat uns Önder noch eine Zeitform beigebracht: eine Vergangenheitsform, die Geschehnisse beschreibt, die man nicht bewusst erlebt oder gesehen hat – das unbestimmte Präteritum. So etwas gibt es bekanntlich nicht im Deutschen, und auch in den meisten anderen Sprachen der Welt nicht. Ich hatte mich gewundert, warum sich ausgerechnet das Türkische, dessen Grammatik sonst logisch und schnörkellos aufgebaut ist, so eine Extravaganz leistet. Heute, am ersten Tag des neuen Jahres, weiß ich, wozu diese spezielle Vergangenheitsform nützlich ist. Etwa, um das zu beschreiben, was letzte Nacht geschah. Es war doch reichlich Alkohol im Spiel, und ich kann nicht behaupten, tatsächlich alles, was da passierte, bewusst erlebt zu haben. Vielmehr rekonstruiert sich das Geschehene, wie es das grammatikalische Regelwerk beim unbestimmten Präteritum auch verlangt, als „Schlussfolgerung anhand sichtbarer Wirkungen".

Eigentlich wollte ich Silvester nicht feiern. Ich hatte Tom zurück nach Deutschland geschickt, um ungestört arbeiten zu können. Die Biographie von Frau Ö. muss nächsten

Monat fertig sein und es ist noch nicht einmal die Hälfte geschrieben. Ich weiß kaum, wie ich das schaffen soll. Nachdem ich im Sommer meinen Plan ad acta gelegt und mich im Improvisieren geübt hatte, ist mir die Arbeit aus dem Ruder gelaufen. Nun muss ich hier und da tatsächlich ein bisschen improvisieren, aber vor allem: hart arbeiten, Tag und Nacht und ohne Pause.

Außerdem – auch das spricht gegen Silvester – ist mein Bedarf an Feuerwerken schon seit dem Sommer für alle Zeit gedeckt. In Istanbul ist nämlich fast jeden Tag Silvester. Kaum ein Abend, an dem nicht mindestens ein Feuerwerk am Firmament zu sehen ist. Hochzeiten, Partys oder eine Bosporusfahrt mit lauter Musik an Bord sind hier schon Anlass genug, es mal wieder richtig krachen zu lassen. Ich wagte kaum mir vorzustellen, was an Silvester in der Stadt wohl los sein würde, und als notorisch schreckhafter Mensch mit mindestens ebenso schreckhaftem Kater sah ich dem mit mehr Sorge als Spannung entgegen.

Ich wollte bei Yoldan bleiben, mit dicken Wollsocken an den Füßen am Schreibtisch sitzen und neben der Arbeit die Silvesterlotterie im Fernsehen verfolgen. Ich hatte mir ein paar Lose gekauft. Die Chance auf einen Millionengewinn wollte ich mir nicht entgehen lassen. In Zeiten starker beruflicher Belastung kann man sich ein Leben ohne Arbeit ja plötzlich sehr gut vorstellen.[1]

Doch gegen halb fünf klingelte es Sturm. Wenig später stand Gizem in meinem Zimmer, kramte in meinem Kleiderschrank, warf mir einen Fummel vor die Füße und sprach in einem Befehlston, der keinen Widerspruch duldete: „Anziehen und mitkommen!"[2]

„Aber der Kater!", warf ich ein. Gizem winkte ab. „Was

willst du machen? Dich neben ihn unter das Bett legen? Der kommt schon klar." Ich hoffte, sie würde recht behalten, und zog mich an. „Wo treffen wir Erendiz?", fragte ich. Doch Gizem überhörte meine Spitze. „Wir fahren erst mal zu meinen Eltern. Salman ist heute bei ihnen."

Ich mag die Familie von Gizem sehr. Ich mag überhaupt türkische Familien.[3] Ich weiß nicht genau, woran es liegt, aber in türkischen Familien umfängt mich meist eine bedingungslose Herzlichkeit und Wärme, die ich in deutschen Familien deutlich seltener antreffe. Vielleicht kann man das mit dem stärker ausgeprägten Gemeinschaftssinn erklären. Oder die Mieten und Löhne sind schuld, die die jungen Leute dazu zwingen, noch sehr lange mit ihren Eltern unter einem Dach zu wohnen. Weshalb man – anders als in Deutschland, wo viele Eltern-Kind-Beziehungen zwar in die Jahre kommen, aber psychologisch irgendwie noch in der Pubertät zu stecken scheinen – in der Türkei die Chance hat, sich auch als Erwachsene kennenzulernen, sich ein Stück weit nebeneinander zu entwickeln statt voneinander weg.

Aus der Küche duftete es herrlich nach Braten, im Salon war der Baum angezündet und ich erlebte ein Déjà-vu. Aber nein, nicht Weihnachten wurde gefeiert, sondern Noel, ein himmelweiter Unterschied. Denn eine stille Nacht, so viel verkündeten die ersten Knaller in den Lüften, eine stille Nacht lag garantiert nicht vor uns. Salman saß unter dem Silvesterbaum und packte seine Geschenke aus. Es sah sehr routiniert aus, wie er das Geschenkband löste, das Papier entfernte und Freude zeigte. Kein Wunder, war doch die Geschenkeschlacht vom Opferfest gerade erst vorbei. Und dann hatte Gizem wenige Tage später, zwischen

Kurban Bayramı und Noel, sogar noch Weihnachten gefeiert, weil sie gerade mit einem Engländer aus ihrer Firma zusammen ist und dieser darauf bestand, Salman an Heiligabend etwas zu schenken. „Er darf sich nur nicht daran gewöhnen", hatte Gizem mir noch zugeraunt, als sie die Geschenke vor Salman aufbaute. Doch ein Blick in das Gesicht des Kindes machte klar, dass es für solche frommen Wünsche eindeutig zu spät war.

Gizems Mutter holte den Truthahn aus der Röhre – nach traditionellem Rezept mit Kastanien gefüllt –, und ich verfolgte derweil im Nebenzimmer vor dem Fernseher unauffällig die Silvesterziehung. Bevor ich erfahren konnte, ob ich das große Los gezogen hatte, wurde ich zum Essen gerufen.

Zwei Stunden später standen wir auf der Straße, und meine Knie waren so weich wie Hühnchenpudding. Gizems Vater ist ein ausgezeichneter Gastgeber, der das Glas sofort wieder füllt, sobald es leer ist. Und weil ich wegen der Knaller draußen reichlich nervös war, musste ich eine ganze Menge getrunken haben, ohne es zu merken. Als wir im Club ankamen, war die Welt schon etwas unscharf.[4]

Ich erinnere mich, wie Erendiz auf mich zukam, mich begrüßte und mir die Frau an seiner Seite vorstellte. Öslem hieß die Schönheit in dem roten Top, das wenig verbarg. Öslem war auch eine meiner ersten türkischen Vokabeln. Denn Öslem heißt Sehnsucht.

Ich erinnere mich an die wunderbare Aussicht auf die Stadt, die wir von den Fenstern aus hatten, und daran, dass ich – trotz der Knallerei im Sommer – offensichtlich doch noch nicht genug vom Istanbuler Feuerwerk hatte. Ich konnte den Blick kaum von dem märchenhaften Raketen-regen abwenden – und Öslem, wie ich mit Befremden fest-stellte, übrigens nicht von Erendiz.

Ich erinnere mich, wie Öslem später auf der Tanzflä-che zu arabesken Rhythmen die Hüften kreisen ließ und vor Erendiz posierte wie eine Haremsdame vor dem Sul-tan. Und dass sich dahinter ein Mann mit ausgebreiteten Armen um die eigene Achse drehte wie ein Derwisch und mir ganz schwindelig wurde vom Zuschauen. Ich musste raus.

Ich erinnere mich, wie ich mich auf die Treppe im Hausflur setzte und eine Weile versuchte, durch Medita-tion den Truthahn bei mir zu behalten. Ich erinnere mich, wie Gizem irgendwann kam, sich neben mich setzte, sag-te: „Öslem steht übrigens nicht auf Männer" und offen-bar dachte, diese Information könnte genauso zu meinem Wohlbefinden beitragen wie die Flasche Wasser, die sie mir besorgt hatte.

Ich erinnere mich noch, wie wir wieder die Treppe hoch und zu den anderen gingen und mir irgendjemand einen großen, bunten Cocktail in die Hand drückte. Da-nach erinnere ich mich an nicht mehr so viel.

Auf jeden Fall, das steht schon mal fest, ist das Jahr zu Ende gegangen. Heute haben wir ein anderes.

Irgendwie muss ich nach Hause gekommen sein. Und, so viel erfasst mein müdes Auge, ich liege allein im Bett. Allein? Ich schrecke hoch. Wieso bin ich allein? Wo ist Yol-dan? Der Kater liegt doch jede Nacht neben meinem Kopf-kissen. Aber da ist noch nicht mal eine Delle im Laken.

Im nächsten Moment renne ich durch die Wohnung, rufe seinen Namen, schaue unter Schränke und in Schubladen, unter Tische und in Taschen, hinter Kissen und Kartons. Ich kann ihn nicht finden. Eine halbe Ewigkeit suche ich den Kater, dann höre ich es: das gleiche klägliche Miauen, wie damals, als das Tier krank vor meiner Tür saß. Ich versuche es zu orten. Es kommt aus dem Küchenschrank. Ich öffne ihn und schaue nach. Ich kann Yoldan nicht erkennen. Also schaue ich in die Töpfe. Und da sitzt er, der Kater, in einer Kasserolle zusammengerollt wie eine Roulade. Ich befreie das am ganzen Körper zitternde Tier und versuche es zu beruhigen. Doch es gelingt mir nicht. Ich fange nämlich plötzlich selber an zu zittern: Meine Erinnerung an letzte Nacht kehrt langsam zurück.

Was ich jetzt brauche, ist ein klarer Kopf. Also schnüre ich die Turnschuhe und starte einen kleinen Neujahrslauf die Uferpromenade entlang. Ich habe lange geschlafen. Rechterhand am anderen Ufer erhebt sich Sultanahmet vor dem Sonnenuntergang, und vor mir ragen die Prinzeninseln aus dem Marmarameer. Mein Blick schweift über das Wasser und sucht die Stelle, an der ich vor einem halben Jahr den Delfin entdeckte. Es war Juni, das Meer kräuselte sich nur leicht und auf einmal sprang er aus dem Wasser. Ein magischer Moment – es war der Moment, in dem ich mich wohl endgültig in diese Stadt verliebte. Seit diesem Tag sucht mein Blick jedes Mal, wenn ich hier lang laufe, die Wasseroberfläche ab. Ich habe jedoch nie wieder einen Delfin gesehen. Auch heute sind es nur die Wellen, die hier und da eine Schwanzflosse antäuschen.

Ich laufe weiter. Ein paar Straßenhunde begleiten mich eine Weile, bevor sie an einem Mülleimer halten. Müde Gestalten kommen mir entgegen. Unter meiner Schädeldecke spüre ich die Härte des Asphalts. Das Laufen ist mühsam:

gegen den Wind, gegen die Bettschwere, gegen die Erinnerung. Doch ich arbeite mich vorwärts. Und mit jedem Schritt nach vorn finde ich zurück ins Leben. In mein Leben. Auf ein Mal, und ich kann es kaum glauben, habe ich eine ganz klare Vorstellung davon, wie es sein soll.

Anmerkungen zum Januar

[1] Sonst hatte ich immer etwas Mühe, die Türkinnen zu verstehen, die allen Ernstes wünschten, sie müssten gar nicht mehr arbeiten. Ich traf einige von ihnen. Allerdings muss man diese Einstellung nicht nur vor dem Hintergrund einer patriarchalischen Gesellschaft sehen, sondern auch mit Blick auf die Arbeitsbedingungen in der Türkei. Die Löhne sind recht niedrig, die Anzahl der Urlaubstage ist es auch und die Arbeitszeit ziemlich lang, wobei jedoch, wie mir Suzan, die Tochter von Frau Ö., erzählte, „ganz schön viel Zeit vertrödelt wird". Wüssten die Türken mit ihrer Arbeitszeit besser umzugehen, so ihre Überzeugung, wären sie wirtschaftlich Weltspitze. Und dann gäbe es schließlich auch mehr Geld und mehr Urlaub.

[2] „Verpackungsalarm!" hätte man bei der Bundeswehr in diesem Fall gerufen. Aber auch wenn jetzt der Eindruck entstehen sollte: Die Wehrpflicht betrifft in der Türkei noch nicht die Frauen.

[3] Ich meine selbstverständlich nicht jene Familien, in denen arrangierte Ehen und Ehrenmorde üblich sind. Die gibt es ja leider auch.

[4] Wenn dieser Text auf Türkisch geschrieben worden wäre, würde er nun also in die Zeitform des unbestimmten Präteritums wechseln ...

Februar
– Die Henna-Nacht –

„Ich höre Istanbul, meine Augen geschlossen.
Im Kopf den Rausch vergangener Feste.
Eine Strandvilla mit halbdunklen Bootshäusern.
Das Sausen der Südwinde legt sich.
Ich höre Istanbul, meine Augen geschlossen."

(ORHAN VELI, AUS DEM GEDICHT „ICH HÖRE ISTANBUL")

ICH SITZE MAL WIEDER IM ARA. Nicht wegen Ara, das habe ich aufgegeben. Ich habe ihn nie gesehen und werde ihn wohl auch nie sehen. Ich bin wegen seiner Bilder hier. Zwischen ihnen bin ich dem Istanbul von Frau Ö. am nächsten. Und das hilft mir, wenn ich jetzt das Manuskript fertigstellen muss.

Istanbul ist keine Stadt, die man in einem Jahr erfasst. Oder in einem Leben. Vielmehr hat jeder, der hier wohnt oder vorbeischaut, sein eigenes Istanbul. Der Istanbuler, dessen Familie seit Generationen in der Stadt lebt und der immer noch zu dem Barbier geht, bei dem sich schon sein Großvater rasieren ließ. Der Einwanderer aus Anatolien, der sich hier seine Bretterbude baut und in der großen Stadt kaum anders leben wird als auf dem Dorf – oft sogar mit denselben Nachbarn. Die Austauschstudentin, die sich in den coolen Clubs von Beyoğlu amüsiert und nach Hause schreibt, dass in den Hörsälen die Frauen nun auch wie bei uns Kopftücher tragen dürfen. Die Neureiche, die ihren Schlitten vor noblen Restaurants einparken lässt und sich darüber aufregt, dass ihr die Ausflügler auf den Bosporusdampfern direkt in den Pool gucken können. Der russische Händler, der auf den Textilmärkten hinter den berühmten Basaren zuhauf seine Waren kauft, um sie in der Heimat gewinnbringend zu verscherbeln. Der Fischer, der in aller Frühe mit dem Kutter ausfährt, um den Fang einzuholen, vorbei an noblen Yachten und Katamaranen, die noch im Hafen auf ihre Crew warten. Und nicht zuletzt der Tourist, der mit offenem Mund durch die Paläste und Moscheen läuft und versucht, in Schnappschüssen die Schönheit der Stadt, ihre Widersprüche und Eigenheiten festzuhalten – Şipşak heißt Schnappschuss übrigens auf Türkisch, es ist eine meiner Lieblingsvokabeln.

Der Kellner bringt den Tee. Ich lasse den Zucker in das Glas gleiten und will mich gerade wieder an die Arbeit machen, als mein Blick auf einmal abgelenkt wird. An der rechten Seite des Cafés, an dem kleinen Tisch, gleich vor dem Eingang, sitzt ein alter Herr mit grauem Bart und großem Bauch und blättert in einem Fotoband. Es ist Ara. Ara Güler.

Ich bin mit Gizem im Hamam. Draußen ist es nass und kalt. Drinnen ist es nass und warm. Wir liegen mit dem Rücken auf dem großen heißen Stein, der Nabelstein heißt, und schauen auf eine locker perforierte Kuppel, die aussieht wie ein Plätzchenteig, in dem eine Sternchenform die ersten Kekse schon ausgestochen hat. Von oben fällt das Licht durch die Sterne auf unsere Körper, von unten wärmt der beheizte Marmor meine von der Schreibtischarbeit verspannten Muskeln – und ich könnte ewig so liegen bleiben. Vor allem, da ich weiß, dass man mir gleich die Knochen brechen wird.

In die Stille des Raums sagt Gizem: „Wenn ich in der Silvesternacht richtig gesehen habe, müsste ich die Wette gewonnen haben." Ihre Stimme hallt unter der großen Kuppel wider und gibt dem Gesagten eine unangenehme Dramatik.

Ich drehe mich auf den Bauch, damit ich ihr ins Gesicht sehen kann: „Wie man es nimmt."

„Ich fand das eindeutig." Gizem grinst die Kuppel an.

„Na ja", beeile ich mich zu erklären, „wenn ich mich recht erinnere, ging es darum, dass ich, was türkische Männer angeht, auf den Geschmack käme und wünschte, meine Verlobung mit Tom hätte nie stattgefunden. Ich habe meine Verlobung aber nie wirklich bereut."

„Ach komm", jetzt dreht sich Gizem auch auf den Bauch und schaut mir fest in die Augen: „Sei ehrlich!"

Ich bin es. Bei aller Verwirrung: Ich habe nie bereut, mit Tom verlobt zu sein, keinen Tag. „Ich werde Tom heiraten, wir haben sogar schon einen Termin."

„Ach!" Gizem rollt sich gelangweilt auf den Rücken zurück und fixiert das Sternendach. „Du machst es dir also einfach."

Ich glaube – ehrlich gesagt – nicht, dass es einfach ist, was ich da vor mir habe: Oder ist es einfach, eine gute Ehe zu führen, das Glück zu halten? Ist es einfach, den Alltag zu leben, ohne in Routine und Langeweile zu versacken? Ist es einfach, in einen Freundeskreis zurückzukommen, der die nächsten Jahre nur über Kinderkram reden wird und danach vermutlich sehr bald über die eigenen Krankengeschichten? Ist es einfach, auf Partys zu stehen – besser: Brunch-Partys, denn richtige Partys wird es auf absehbare Zeit nicht mehr geben –, auf denen es nicht mehr darum geht, wer den tollsten Job hat, sondern die tollsten Kinder? Wenn ich es mir recht überlege, scheint mir die Rückkehr nach Berlin und zu Tom die größere Herausforderung zu sein.

Ich stehe auf und gehe zu dem kleinen Waschbecken mit dem goldenen Wasserhahn, setze mich auf die Marmorbank und fülle meine Schöpfschale mit kaltem Wasser. Ich brauche etwas Abkühlung.

„Allerdings hast du insofern recht behalten, als dass ich nun weiß, wie verführerisch türkische Männer sein können", rufe ich zu ihr hinüber. „In dem Sinne hättest du die Wette gewonnen."

Gizem stützt sich auf die Ellbogen. „Ich muss also nicht mit einem langweiligen Deutschen ausgehen?", frohlockt sie.

„Was heißt hier ‚langweiliger Deutscher'!" Ich hole Schwung, der Inhalt meiner Schöpfschale macht einen hohen Bogen durch die Luft – und landet mit einem lauten Knall auf Gizems erhitztem Körper. Ihr Schrei fährt hoch unter die Kuppel, vervielfacht dort sein Volumen, um anschließend zwischen den Mauern noch eine Weile nachzuhallen. Was für eine Akustik!

Wenig später werden sich auch meine Schreie dort unter der Kuppel fangen: Wenn die Masseurin, nachdem sie mich in eine herrlich weiche Wolke aus Seifenschaum gehüllt hat, aus dieser meine glitschigen Gliedmaßen einzeln herausfischt, die Gelenke hierhin und dahin verrenkt, an den Fingern und Zehen zieht, als wären sie das Seil beim Tauziehen, und mit einem geübten Daumendruck genau die Stelle am Oberschenkel malträtiert, die sich auf merkwürdige Weise ganz schön verspannt hat.

Zwanzig Minuten später liegen Gizem und ich atemlos auf dem heißen Marmor, mit dem Nabel auf dem Nabelstein, alle Viere von uns gestreckt.

„Wusstest du, dass muslimische Frauen kurz vor ihrer Hochzeit ins Hamam gehen?", fragt Gizem müde.

„Nein", sage ich. Ich kann mir nicht vorstellen, wie man nach dieser Tortur noch eine Hochzeit durchstehen soll.

„Und dann feiern sie eine Henna-Nacht." *Henna night* sagt sie. Da sich mein Ohr am feuchten Stein gerade festgesaugt hat wie ein selbsthaftender Handtuchhalter an der Badezimmerfliese und sich mit einem lauten „Plopp" Gehör verschafft, aber nicht mehr alles mitbekommt, verstehe ich *hen night*.

„Einen Hennenabend?", frage ich, zu schwach, um mich darüber zu wundern, dass man neben dem Weihnachtsbaum aus Frankreich nun auch alkohollastige Hochzeitsbräuche aus Großbritannien importiert: das voreheliche Saufgelage der Braut mit ihren Freundinnen, die Hen Night.

„Nicht Henne, Henna!", korrigiert Gizem. Ich habe keine Ahnung, wovon sie spricht.

„Weißt du was?", fährt sie fort, auf einmal erstaunlich munter. „Wir machen für dich eine Henna-Nacht, bevor du zurück nach Deutschland gehst! Die wird zwar eigentlich in der Nacht vor der Hochzeit gefeiert, aber das ist egal. Schließlich geht es in der Henna-Nacht im weitesten Sinne darum, Abschied zu nehmen. Und das passt doch. Und heiraten wirst du ja irgendwann auch."

„Tamam", sage ich. Ich habe nicht den leisesten Schimmer, was da auf mich zukommt.

Helena steht in der Küche und macht Cacık, was sie stoisch Zaziki nennt. Gizem hockt im Wohnzimmer und rührt auch

irgendetwas an. Und Heike, meine ehemalige Zwischen-
mieterin, die nach ihrem Sprachkurs im Sommer in Istanbul hängen geblieben ist, begutachtet meine Kommode.

„Was wird aus deinen Möbeln?", fragt sie mich.

„Die gehen zurück auf die Straße", sage ich. Morgen
früh werde ich die Eskici heranwinken, sie werden das
Zeug mitnehmen, und ich habe so wenig Aufwand mit
dem Abtransport wie vor gut einem Jahr mit der Anschaf-
fung. „Aber wenn dir was gefällt", sage ich, „nur zu!"

Hui, die Chinesin aus meinem Sprachkurs, fixiert den
Kater: „Und was machst du mit ihm?"

„Der kommt nicht zurück auf die Straße. Salman will
ihn haben, Gizems Sohn", erkläre ich schnell, bevor sie auf
die absurde Idee kommen könnte, ich überlasse ihr – einer
Chinesin! – meinen Kater, der neuerdings den Tick hat,
sich in Kochtöpfen zu verkriechen.

Es klingelt. Helena öffnet Öslem die Tür. Diese schaut
sich ein wenig orientierungslos in der Wohnung um, wie
jemand, der eher zufällig auf einer Party gelandet ist und
nicht weiß, wer hier eigentlich Geburtstag hat. Ich höre,
wie sie sich bei Helena erkundigt: „Wen heiratet sie denn
nun eigentlich?"

Ich mache die Musik im Wohnzimmer an, um Helena
Gelegenheit zu geben, Öslem unbelauscht auf den neuesten Stand zu bringen. Es ist wunderschöne, aber sehr melancholische Musik. Die CD hat mir Erendiz zum Abschied geschenkt. „Damit du Istanbul auch in Berlin hören
kannst", hatte er gesagt.

„Ja, lasst uns gemeinsam traurig sein!", ruft Gizem,
sich daran erinnernd, warum wir heute zusammengekom-
men sind. Schließlich gehörte es zu jeder Henna-Nacht,
dass man, zumindest an deren Beginn, nicht fröhlich, son-

dern traurig ist. „Hü-zün!", ruft sie in den Raum, breitet die Arme aus und schließt die Augen.

Was Hüzün bedeutet, weiß jeder, der Orhan Pamuk gelesen hat. Es ist eine Art kollektiv empfundene Melancholie. Ein Begriff, den man wie die portugiesische Saudade nur schlecht übersetzen kann. Ein Gefühl, das sich laut Pamuk in vielen bekannten Alltagssituationen Istanbuls manifestiert, etwa beim Anblick der alten Bosporus-Dampfer, verfallener Holzvillen, Arbeitsloser in den Teestuben, von Anglern auf der Galata-Brücke. „Hüzün", schreibt Pamuk in seinem Buch „Istanbul. Erinnerungen an eine Stadt", „ist in Istanbul zentraler Bestandteil des Musikempfindens, ist Grundelement der Poesie, Lebensanschauung, Seelenzustand, kurzum: Ausdruck dessen, was die Stadt eigentlich ausmacht." Hüzün, so Pamuk weiter, sei „nichts von einem Außenstehenden Empfundenes, sondern eine Reaktion des Istanbulers auf seine ureigene Lage".

Für mich war Hüzün daher lange der Gradmesser dafür, wie sehr ich schon heimisch geworden bin. Ich dachte, wenn ich ein Gefühl in mir spüre, das dem vergleichbar ist, das Pamuk beschreibt, dann bin ich eine richtige Istanbulerin, dann habe ich in die Seele dieser Stadt geschaut. Nur, wie unterscheidet man Hüzün von anderen traurigen Gefühlen wie Heimweh, Sehnsucht, Melancholie, Traurigkeit oder jetzt: Abschiedsschmerz? Manchmal glaubte ich, dem Hüzün ganz nah zu sein. Aber sicher war ich mir nie.

Heute Abend aber ist es für Hüzün dann auch zu spät. Wir sollten lieber einen fröhlichen Abend miteinander verbringen, erkläre ich.

„Na dann", sagt Helena, macht die Rakı-Gläser voll und teilt sie aus. „Auf deine Zukunft!"

Dann füllt sie mir das Glas gleich ein zweites Mal.

„Trink, bevor du keine Hand mehr frei hast", sagt sie, und ich habe kurz das Gefühl, doch auf einem britischen Hennenabend gelandet zu sein.

„Wir müssen doch gleich deine Hände bemalen", erklärt Gizem. Ich verstehe nicht.

Wenig später finde ich mich auf dem Diwan wieder. Vor mir steht ein Topf mit Henna, daneben knien Gizem und Öslem, jede hat einen meiner Arme in Arbeit. Mein rechter wird von Gizem, mein linker von Öslem mittels einer kleinen Spritzflasche bemalt. Die eine zeichnet gekonnt schwungvolle Blumengirlanden, die andere etwas zittrig merkwürdige Ornamente, die entfernt an Schneekristalle erinnern. Die Hände der Braut vor der Hochzeit rot zu bemalen, so erklärt mir Öslem, ist ein traditioneller Brauch. Die roten Hände sollen die bösen Mächte fernhalten.

„Sei froh, dass du keine türkische Hochzeit feierst", sagt Gizem. Ich schaue auf den großen Klecks, den sie mir gerade für die nächsten Tage dauerhaft verpasste, und bin es auch. Heike, die jeden meiner Holzstühle einer gründlichen Inspektion unterzieht, fragt von hinten: „Wieso? Türkische Hochzeiten sollen doch so lustig sein."

„Na ja, für die Gäste vielleicht", erklärt Gizem, „ich wäre auf meiner eigenen Hochzeit fast gestorben. Vor Hunger! Das Brautpaar muss ja während des Abendessens von Tisch zu Tisch gehen und sich die Glückwünsche und Geschenke abholen. Wir hatten rund dreihundert Gäste, und da hat diese Prozedur geschlagene vier Stunden gedauert. Ihr glaubt gar nicht, was ich für einen Hunger hatte! Alle haben gegessen, nur wir mussten zugucken. Und als wir endlich fertig waren, wurde das Essen einfach abgeräumt. Dann mussten wir tanzen. Die ganze Nacht!"

„Das tut mir leid", sagt Heike.

Doch der Gedanke an ihre Ehe und deren Scheitern bringt Gizem offenbar auf eine Idee. „Sag mal, soll ich dir nachher aus dem Kaffeesatz lesen?"

Warum nicht? Es wäre etwa das 76. Mal, dass mir hier in Istanbul aus dem Kaffeesatz gelesen wird. Kaffeesatzleserei ist eine beliebte Freizeitbeschäftigung, die nahezu jeder beherrscht oder zumindest gern in Anspruch nimmt. Es kann einem passieren, dass der Kellner, kurz bevor er die Rechnung bringt, noch schnell aus dem Kaffeesatz lesen möchte. Dafür will er kein Geld, nur die Telefonnummer. Oder die alte Dame am Nebentisch, mit der man so nett über das Wetter geplaudert hat, bietet diese Dienste an – und freut sich, wenn man ihr dann noch einen Tee ausgibt. So richtig spannend ist es natürlich nicht, was dabei herauskommt. Irgendwie wird immer alles gut, es gibt eine große Reise und eine große Liebe, die Gesundheit ist bestens und die Chance, dass mein sehnlichster Wunsch in Erfüllung geht, auch. Aber da man so etwas ja nicht oft genug hören kann, stimme ich bereitwillig zu.

Es klingelt. Ich erwarte eigentlich niemanden mehr. Helena macht auf und wenig später steht Frau Ö. im Raum.

„Oh", sage ich, beide Arme noch in den Händen von Gizem und Öslem. „Ist etwas mit dem Manuskript?" Sie wollte es bis morgen gelesen haben, dann sollten wir uns vor meinem Abflug noch einmal treffen, um darüber zu sprechen. Dass sie sich nun den weiten Weg zu mir hermüht, kann nichts Gutes bedeuten. Vielleicht gefällt es ihr nicht. Vielleicht ist sie der Meinung, dass ein Jahr doch nicht gereicht hat und ich ein weiteres bleiben muss, um die Stadt und Frau Ö. noch besser verstehen und ergründen zu können. Vielleicht will sie aber auch ihr jahrelanges Schweigen brechen und endlich die ganze Wahrheit über ihren Mann und seine Geliebten zu Papier bringen lassen?

Mir wird heiß und kalt. Ich hatte so gehofft, dass die Arbeit endlich zu Ende wäre. Mein Leben hatte sich in den letzten Wochen nur noch um das von Frau Ö. gedreht. Ich habe mich dabei ertappt, wie ich mich in verschiedenen Situationen fragte, wie Frau Ö. wohl entschieden hätte. Ich habe Gesten an mir beobachtet, die ich von Frau Ö. kannte. Ich bin nachts aufgewacht und hatte Episoden aus dem Leben von Frau Ö. geträumt. Ein guter Freund hat mir einmal unterstellt, ich befasse mich so gern mit den Leben anderer, damit ich über meins nicht so viel nachdenken müsse. Ich hatte das empört zurückgewiesen. In den letzten Wochen beschlich mich jedoch häufiger das Gefühl, dass da vielleicht etwas dran sein könnte. Jetzt aber möchte ich mich endlich mit meinem Leben auseinandersetzen, meine eigene Geschichte schreiben. In welche Richtung der Plot geht, weiß ich ja nun.

„Machen Sie sich keine Sorgen. Es gefällt mir sehr gut", sagt Frau Ö. und schaut sich um. Sie ist das erste Mal in meiner Wohnung. „Ich bin nicht wegen des Manuskripts gekommen. Ich habe gehört, dass Sie Abschied feiern."

Sie nimmt die Stola von den Schultern.

„Darf ich mich setzen?"

Ich weiß gar nicht, was ich sagen soll.

„Çay?", frage ich schließlich.

Reisen in den Alltag

Barbara Baumgartner
Ein Jahr in Barcelona
Reise in den Alltag
Band 5823

Bei Barbara Baumgartner geht es um Engländer und Deutsche, Andalusier und Südamerikaner, um die beiden Hälften der Stadt, das glitzernde Meer und das wunderbare Licht.

Maria Rosaria Di Palo
Ein Jahr in Montreal
Reise in den Alltag
Band 5832

Französischer Charme und amerikanische Leichtigkeit – Maria Di Palo erzählt von der Stadt, die das Beste aus Alter und Neuer Welt verbindet.

Julica Jungehülsing
Ein Jahr in Australien
Reise in den Alltag
Band 5818

In diesem Buch erzählt Julica Jungehülsing von ihrem Alltag in Sidney, Abenteuern im Outback, dem Strand vor der Tür und von den unkompliziertesten Menschen der Welt, den „Aussis".

Anna Regeniter
Ein Jahr in London
Reise in den Alltag
Band 5741

Mit Anfang 30 zieht Anna Regeniter in die schillernde Hauptstadt Großbritanniens. Selbstironisch erzählt sie vom Aufeinanderprallen ihrer Londonträume mit der Realität.

Katharina Rutz
Ein Jahr in Peking
Reise in den Alltag
Band 5962

Peking ist anders als die Schweiz. Mit dem Neujahrsfest in Peking beginnt für die Leser dieses Bandes ein Jahr voller Kontraste und Überraschungen.

HERDER spektrum

Nadine Sieger
Ein Jahr in New York
Reise in den Alltag
Band 5946

Penetrante Hupkonzerte und unablässig drängende Menschenmassen, die erste Wohnung in Harlem als gefühlte einzige Weiße und das kollektive Truthahn-Essen an Thanksgiving – ein Jahr in New York!

Andrea Thiele
Ein Jahr in der Toskana
Reise in den Alltag
Band 5729

Andrea Thiele hat gemacht, wovon viele träumen: Sie hat Regen und Nebel den Rücken gekehrt und sich im sonnigen Herzen der Toskana niedergelassen.

Silja Ukena
Ein Jahr in Paris
Reise in den Alltag
Band 5742

Silja Ukena macht sich in der Stadt ihrer Träume auf die Suche: nach einer Wohnung, dem Mann fürs Leben, den Geheimnissen des Subjonctif, einem Job und der besten Boulangerie der Stadt.

Markus Fix / Sarah Pendzich
Radnomaden
Mit dem Fahrrad nach China
Band 5609

Ein faszinierender Bericht über die Begegnung von Orient und Okzident, über Reiselust und Reisefrust – vor allem aber eine atemraubende Entdeckungsreise.

Michael Giefer
Zu Fuß ins Land des Dschingis Khan
Von Sibirien in die Mongolei
Band 5738

Michael Giefer erzählt vom Alltag der Mongolen, vom Alleinsein, von haarsträubender Gefahr, von Gastfreundschaft, von Hitze, von Frost und von einem wunderschönen Land, in dem Freiheit sichtbar ist.

HERDER spektrum